don origle Courieous

PICCOLINO

COMÉDIE

EN TROIS ACTES, EN PROSE

PAR

VICTORIEN SARDOU

PARIS

MICHEL LÉVY FRÈRES, LIBRAIRES-ÉDITEURS

RUE VIVIENNE, 2 BIS

1861

PICCOLINO

COMÉDIE

Représentée pour la première fois à Paris, sur le théâtre du Gymnase-Dramatique,
le jeudi 18 juillet 1861.

Paris. Imprimerie de A. PILLET fils aîné, 5, rue des Grands-Augustins.

PICCOLINO

COMÉDIE EN TROIS ACTES

MÊLÉE DE CHANTS

PAR

VICTORIEN SARDOU

PARIS

MICHEL LÉVY FRÈRES, LIBRAIRES-ÉDITEURS

RUE VIVIENNE, 2 BIS

—

1861

Tous droits réservés

PERSONNAGES :

TIDMANN, pasteur......................	MM.	Ferville.
FRÉDÉRIC, peintre......................		Desrieux.
MUSARAIGNE, musicien..................		Lesueur.
ANNIBAL, sculpteur......................		Landrol.
STROZZI...............................		P. Berton.
COMÈTE...............................		Blaisot.
MARCASSONE, aubergiste...............		Francisque.
VERGAZ, crieur de nuit..................		Lefort.
CHRISTIAN, gendre de Tidmann..........		Blondel.
JONAS, maître d'école		Bordier.
VALENTIN..............................		George.
SIMON.................................		Victorin.
MATHIAS..............................		Doisy.
MARTHE et PICCOLINO.................	Mmes	Victoria.
Madame TIDMANN......................		Mélanie.
ÉLÉNA, sœur de Strozzi..................		Bloch.
ROSETTE..............................		Léonie.
CHARLOTTE, fille du pasteur.........		Dieudonné.
DENISE, id...................		Lambert.
Le petit JOST..........................		Camille.
ANGÉLIQUE.............................		Marie.
CLARA................................		Octavie.
VIOLINA...............................		Adeline.

Didi, Loulou, enfants de Christian; Rapins, Paysans suisses et italiens, Pifferari,
Masques, etc.

————————————

S'adresser pour la musique à M. Couder, chef d'orchestre du Gymnase, et pour
la mise en scène exacte et détaillée, à M. Hérold, régisseur.

PICCOLINO

ACTE PREMIER

Un village près de Lausanne. — Une pièce chez le pasteur Tidmann. — Au fond, porte de la salle à manger. — A gauche du spectateur, 1er plan, la porte du cabinet de Tidmann. — 2e plan, une grande cheminée à manteau avec tous ses accessoires de campagne; devant le feu, une oie à la broche. — 3e plan (pan coupé), une porte de chambre à coucher. — A droite, 1er plan, chambre de Marthe. — Au 2e plan, porte d'entrée. — Au 3e plan (pan coupé), une large fenêtre avec carreaux sertis de plomb : on voit la campagne couverte de neige. — Entre la porte de la salle à manger et la fenêtre, un buffet chargé de vaisselle rustique ; un coucou. — Entre la porte de la salle à manger et celle de la chambre à coucher, une armoire pleine de linge. — Devant la cheminée, une grande table avec bancs et escabeaux. — Tableaux, cartes de géographie, cadres d'insectes et plantes sèches suspendus aux murs.

SCÈNE PREMIÈRE

MADAME TIDMANN, DENISE, CHARLOTTE, MARTHE.

Au lever du rideau Denise achève de se coiffer devant une petite glace suspendue à la cheminée. — Charlotte, assise à droite, achève de nouer sa ceinture : toutes deux sont en toilette de fête. — Madame Tidmann entre par la porte de la salle à manger, qui est ouverte et qui laisse voir la table.

MADAME TIDMANN.

Allons donc! allons donc! Dépêchons, Charlotte; tes enfan's vont arriver de l'école et rien n'est fait. Denise! Charlotte! le couvert! vite donc !

DENISE et CHARLOTTE.

Oui, maman.

(Denise monte sur une chaise et cherche dans l'armoire au linge. Charlotte ouvre les tiroirs du buffet pour prendre les couverts.)

MADAME TIDMANN, à elle-même.

C'est drôle ! Où ai-je donc mis mes confitures, moi ?

DENISE.

Quelles serviettes, maman ?

MADAME TIDMANN.

Pour ce soir... la Noël !... les plus belles ! A raies bleues !...

DENISE, *posant des serviettes sur la table.*

Celles-là ?

MADAME TIDMANN.

Oui !... c'est de mon mariage !... Quand vous serez soigneuses comme votre mère, vous !... C'est drôle, ce pot de confitures que je ne peux pas retrouver !...

(Marthe sort de sa chambre et va à la fenêtre, où elle regarde tristement dehors.)

CHARLOTTE, *descendant.*

Combien de couverts, maman, pour le réveillon ?

MADAME TIDMANN.

Votre père et moi, deux... Ton mari, l'oncle Mathias et sa femme, cinq ; le maître d'école, six ; les deux domestiques, huit ; et vous deux avec Marthe, onze... (Charlotte entre dans la salle à manger avec les couverts ; se retournant.) Eh bien, où est-elle donc, Marthe ? (Appelant.) Marthe !

MARTHE, *descendant.*

Madame...

MADAME TIDMANN.

Comment, tu n'es pas encore coiffée ?

MARTHE.

Coiffée ! Pourquoi ?

MADAME TIDMANN.

Comment, pourquoi ?

DENISE.

Le soir de Noël !...

MARTHE.

Ah ! c'est vrai !

MADAME TIDMANN.

Il n'y a qu'elle pour oublier ces choses-là. (A Marthe, qui va entrer dans sa chambre.) Eh bien, où vas-tu ?

MARTHE, *montrant ses cheveux.*

Mais je vais...

MADAME TIDMANN.

Oh ! nous avons bien le temps maintenant ! Et le couvert... et la cave... et mon oie à la broche ! Denise, regarde donc, on dirait que ça brûle. (Denise va regarder à la cheminée.) Tiens. (Elle place les serviettes sur les bras de Marthe.) Mets le couvert, vite ! vite !

MARTHE.

Oui, madame.

(Elle entre dans la salle à manger où on la voit, pendant ce qui suit, mettre le couvert.)

MADAME TIDMANN.

Une gentille enfant! Mais c'est bien gnian-gnian... Et dire que je ne peux pas me rappeler où j'ai mis ces malheureuses confitures!

VERGAZ, au dehors.

Madame Tidmann!...

CHARLOTTE, ouvrant la porte d'entrée.

C'est Vergaz... le crieur de nuit.

SCÈNE II

MADAME TIDMANN, DENISE, CHARLOTTE, VERGAZ.

(Vergaz avec une hotte pleine de paquets; il porte un sapin de Noël. Il a à la ceinture sa lanterne et sa crécelle : sur le dos, suspendu à la hotte, un grand polichinelle.)

VERGAZ.

Eh oui, le v'là. Bonjour la société!...

DENISE et CHARLOTTE.

Avec l'arbre! Il a l'arbre!

VERGAZ.

Et un joli sapin, je m'en flatte!... quand ce sera paré... Mes salutations, madame Tidmann.

(Il pose le sapin à droite.)

MADAME TIDMANN.

Bonjour, Vergaz.

VERGAZ, se retournant.

Et à monsieur le pasteur pareillement. Tiens!... Il n'est pas là, monsieur le pasteur?

DENISE.

Papa? il est dans son cabinet.

VERGAZ.

Ah!

(Il passe à gauche, où il dépose sa hotte contre la table.)

MADAME TIDMANN.

Allons vite, Vergaz! si les enfants arrivaient!...

DENISE, regardant les paquets dans la hotte.

Ah! qu'est-ce que c'est que tout ça, mon Dieu!

VERGAZ.

Eh bien, ce sont les cadeaux, donc, que monsieur a choisis chez le marchand! Et les noix dorées, et les petits rubans! et les petites bougies!...

DENISE, à genoux pour regarder.

Ah! quel bonheur! Regarde donc, Charlotte!

CHARLOTTE.

Oh! les joujoux! vont-ils être contents, ces petits!

VERGAZ.

Il y a surtout un polichinelle!... un fameux polichinelle tout de même!

(Il fait jouer le grand polichinelle.)

DENISE, tirant une petite trompette de la hotte.

Et la trompette donc!

(Elle sonne de la trompette.)

CHARLOTTE.

Veux-tu te taire!... Papa qui travaille...

MADAME TIDMANN, debout sur une chaise, devant le buffet, et cherchant toujours ses confitures.

Est-ce assez agaçant! Ah! si je le tenais... ce pot!

DENISE, tirant un paquet de la hotte.

Oh! et ça?...

VERGAZ, voulant lui reprendre le paquet.

Oh, ça! cadeaux des grandes personnes! Défense de regarder.

DENISE et CHARLOTTE, sans lâcher prise.

Oh! montre! montre!

VERGAZ, insistant.

Non! non!

DENISE.

Pour voir seulement! (Elle arrache un paquet.) Oh! il y a les noms écrits!

CHARLOTTE, même jeu.

Mademoiselle Denise! Voilà le tien!...

(Elle tend le paquet à Denise.)

DENISE, même jeu.

Madame Christian! Voilà le tien!

CHARLOTTE.

Oh! qu'est-ce que ça peut bien être?

VERGAZ, saisissant les deux paquets au passage.

C'est défendu!

CHARLOTTE et DENISE, suppliant.

Vergaz!

VERGAZ, arrachant les paquets.

C'est défendu!

DENISE, tirant un autre paquet de la hotte.

Et celui de Marthe ! (A Marthe, qui est entrée prendre les couverts.) Marthe, regarde donc ton cadeau !

MARTHE.

Oui!

(Elle sort avec les couverts.)

SCÈNE III

LES MÊMES, moins MARTHE.

DENISE.

Est-elle drôle! Ça n'a pas l'air de l'intéresser!

MADAME TIDMANN, avec un panier de fruits à la main.

Elle a raison! Elle s'occupe de son couvert, et avec vos bavardages, qui est-ce qui arrange l'arbre ?

DENISE.

Oh! moi! moi! (Elle court prendre le sapin.)

MADAME TIDMANN.

Allons donc, mes enfants, allons donc!

(Denise et Charlotte entrent dans la salle à manger, dont la porte reste ouverte; on les voit aller et venir pour achever de mettre le couvert avec Marthe.)

VERGAZ.

Vous avez beau dire, madame Tidmann, c'est plus agréable de voir des jeunesses gaies comme ça que tristes comme mademoiselle Marthe.

MADAME TIDMANN, assise à droite.

Ah bien!... (s'interrompant.) Donnez-moi donc une assiette, Vergaz. Elle n'a pas de quoi être bien gaie non plus, la pauvre enfant!

VERGAZ, descendant avec une assiette prise sur le buffet.

C'est vrai, tout de même! Si c'est une enfant trouvée, comme on dit dans le pays...

MADAME TIDMANN, prenant l'assiette.

Une enfant trouvée! Qui est-ce qui vous a conté ces histoires-là?

VERGAZ.

Dame! je ne sais pas, moi! Je ne suis dans le pays que de l'année passée.

MADAME TIDMANN. (Tout en parlant, elle met des fruits d'hiver sur l'assiette.)

Il y en a pourtant plus d'un qui était là. Qu'est-ce qu'il y a de ça? Quatorze, quinze ans! Ah! mon Dieu! il me semble que j'y suis encore... (Vergaz prend une chaise et s'assied pour écouter.) Nous allions nous mettre à table, comme à présent, tenez!... quand il nous arriva une pauvre femme avec une lettre d'un pasteur de Chambéry; c'était la veuve d'un maître d'école; elle était bien malade, la pauvre créature! Elle toussait, toussait, et les médecins pensaient que l'air de notre pays pourrait la guérir. Elle avait avec elle sa petite fille, qui était chétive et pâle... à faire peur!... C'était Marthe!... La mère garda la chambre tout l'hiver... A l'été, elle fut obligée de prendre le lit... à l'automne, elle était morte... — Notre docteur, qui l'avait soignée, dit à M. Tidmann : Qu'est-ce que vous allez faire de la petite fille, maintenant? — Je l'élèverai comme si elle était à moi, répondit mon mari. — Alors, dit le médecin, ne la gardez pas chez vous, car elle a la maladie de sa mère. Il faut choisir une bonne ferme, dans la montagne, l'y placer comme un enfant en nourrice, et la laisser vivre là en vraie paysanne, au pâturage et à l'étable.

(Charlotte pendant cette dernière phrase descend de la salle à manger et vient à sa mère avec une assiette.)

VERGAZ.

Le fait est qu'il n'y a rien, pour se bien porter, comme de vivre avec les bêtes! Voyez plutôt mes enfants.

MADAME TIDMANN.

C'est donc madame Mathois... (Apercevant Charlotte.) Ah! tiens!... Charlotte. (Elle lui remet l'assiette pleine en échange de l'assiette vide. Charlotte remonte à la salle à manger. Reprenant.) Madame Mathois, la fermière, à un quart de lieue d'ici, qui se chargea de la petite. Elle n'avait pas cinq ans, qu'elle gardait déjà les chèvres. On voulut la faire aller à l'école, mais c'étaient des cris, des tristesses... il fallut y renoncer. (Denise sort de la salle à manger et rencontre Charlotte, qui lui montre Marthe en indiquant que l'on parle d'elle; Charlotte sort, Denise va arroser l'oie.) Enfin, il n'y a que six mois que le docteur a dit à mon mari : Maintenant vous pouvez la prendre chez vous, je réponds de sa santé... Nous l'avons prise avec nos filles...c'est bien simple... Et voilà toute l'histoire...

DENISE, se relevant.

Aussi!... ce que c'est que l'habitude! Elle ne passerait pas un

jour sans sortir toute l'après-midi, quelque temps qu'il fasse...
et on ne sait jamais où elle va !

CHARLOTTE, qui vient de rentrer.

Oui, elle est un peu sauvage ; mais elle est si bonne !

DENISE.

Oh ! pour bonne, oui ! mais si triste !...

MADAME TIDMANN.

Oui... cela augmente tous les jours... je ne sais pas pour-
quoi !... (Vivement, en se levant, son assiette de fruits à la main.) Ah ! je le sais !

TOUS.

Pourquoi ?...

MADAME TIDMANN.

Non ! où j'ai mis mes confitures... c'est dans la bibliothèque.

(Cris des enfants au dehors, d'abord lointains, puis rapprochés.)

CHARLOTTE.

Ah ! mon Dieu ! voici mes enfants !

DENISE, à la fenêtre.

On sort de l'école.

MADAME TIDMANN.

Cachez l'arbre... Vite ! vite !

DENISE.

Vergaz !

VERGAZ.

Oui !

(Il ferme la porte de la salle à manger.)

LES ENFANTS, en dehors.

A bas l'école ! — Vive Noël !

MADAME TIDMANN.

Ah ! les garnements !

SCÈNE IV

LES MÊMES, JOST, DIDI, LOULOU.

(Ils entrent comme un coup de vent.)

TOUS TROIS, courant à madame Tidmann.

Grand'maman ! c'est Noël !

JOST.

Vive Noël !

CHARLOTTE, cherchant à les faire taire.

Voulez-vous !...

LES ENFANTS, courant de Charlotte à madame Tidmann et pendus à leurs jupes.

Maman ! Grand'maman ! c'est la Noël !

MADAME TIDMANN.

Mais oui... mais...

JOST.

Maman, le bonhomme Noël est-il venu ?...

DIDI.

Et les cadeaux, maman ?

LOULOU.

Moi, je veux un polichinelle, grand'maman !

LES AUTRES.

Moi aussi !

MADAME TIDMANN.

Oui ! mais voulez-vous me laisser !

TOUS TROIS.

C'est Noël ! Noël ! Noël !

JOST.

Tiens, c'est Vergaz !

(Il tire la crécelle de la ceinture et se met à courir avec.)

VERGAZ.

Messieurs !

DENISE, arrachant la crécelle à Jost.

Mais, veux-tu...

MADAME TIDMANN.

Mais voulez-vous bien vous taire, grand'papa travaille.

(Les enfants s'arrêtent court.)

JOST, plus bas.

A cause qu'il travaille, puisque c'est congé ?

MADAME TIDMANN.

Eh bien, et son prêche... pour ce soir, à minuit ! Qui est-ce qui le ferait ?...

JOST.

Moi, je le ferais.

CHARLOTTE.

Ah ! voyez-vous ! Qu'est-ce que tu dirais ?...

JOST.

Tiens ! je dirais... c'est la Noël ! faites-moi tout plein des cadeaux !

CHARLOTTE.

Ce serait joli !

LES TROIS ENFANTS, criant.

Maman ! mes cadeaux !... mes cadeaux tout de suite !...

SCÈNE V

LES MÊMES, TIDMANN sortant de son cabinet avec un papier et une plume à la main.

TIDMANN.

Mais voulez-vous bien vous taire ! (Les enfants se réfugient derrière la grand'maman.) On ne s'entend plus !

MADAME TIDMANN.

La ! Voilà grand-papa qui se fâche !

JOST, passant timidement la tête sous le bras de madame Tidmann.

Oh ! C'est défendu ! c'est Noël !

TIDMANN, riant.

Il a raison ! — Aussi bien on ne voit plus clair pour écrire ! Bonjour, Vergaz !

VERGAZ.

Bonjour, monsieur le pasteur ! je vous souhaite une année... dame !... la... (Ému.) comme vous savez !

TIDMANN.

Merci, mon ami ! (A Charlotte.) Ton mari n'est pas encore rentré ?...

SCÈNE VI

LES MÊMES, CHRISTIAN, MATHIAS, SA FEMME, TROIS ENFANTS, puis LE MAITRE D'ECOLE, puis MARTHE.

CHRISTIAN.

Le voilà ! Bon Noël à tous !

LES ENFANTS.

Ah ! papa ! papa !

TIDMANN, à Christian.

Bon Noël !

(Tout le monde s'embrasse.)

MATHIAS, donnant une bouteille de bon vin.

Voilà pour les grands !

CHRISTIAN, levant des joujoux en l'air.

Et voilà pour les petits !

1.

LES ENFANTS, courant à lui.

Ah! donne!... donne ! A moi !

TIDMANN, à Jonas qui entre.

Bonjour, maître Jonas ! comment va l'école ?

JONAS.

Mais, très-bien, monsieur le pasteur, très-bien ! — Est-ce que monsieur Jost a dit son compliment ?...

LES ENFANTS.

Non !

JONAS.

Allons! monsieur Jost, votre compliment de Noël... allons!

TIDMANN prenant une chaise qu'on lui donne.

Voyons le compliment !

(Il prend Jost entre ses jambes; tout le monde se groupe autour d'eux pour écouter.)

JOST.

Air : A la Papa (sans accompagnement.)

Tu m'as dit, mon grand-papa...
Sois bien sage, et dans mes poches
M'sieur Noël déposera
Bonbons, joujoux et brioches,
Et me voilà !

Petit Jost sera
A l'abri des reproches,
Il corrigera
Tous les petits défauts qu'il a
Déjà...

Ah! ah! grand-papa!
Ah! grand-papa!...

TOUS.

Ah ! très-bien !

(Le pasteur, madame Tidmann, Charlotte l'embrassent.)

JOST.

(A Tidmann.) Mais aussi tu me donneras un polichinelle ?

TIDMANN, l'embrassant.

Oui ! tu auras ton polichinelle.

LES DEUX AUTRES, pleurant.

Et moi aussi !

TIDMANN.

Et vous aussi !

(On entend le violon dehors. Marthe sort de la salle à manger.)

CHRISTIAN.

Voilà les rois mages.

(Tous les enfants courent à la porte.)

TIDMANN.

Des lumières, Charlotte !

CHARLOTTE, courant.

Oui, papa !

TIDMANN.

Et du vin... des verres !...

DENISE, de même.

Oui, papa !

JOST, à Marthe.

Marthe, pourquoi donc que tu es triste comme ça pour la Noël ?...

(Il remonte.)

TIDMANN.

C'est vrai ! Marthe, qu'avez-vous ?...

MARTHE.

Je ne sais, monsieur Tidmann... je ne me sens pas bien !... Ce bruit... ce monde...

TIDMANN.

Rentrez chez vous, mon enfant... c'est un petit malaise qui ne durera pas... (A sa femme.) Madame Tidmann !...

MARTHE.

Oh ! ce ne sera rien ! Ne vous dérangez pas, madame... ce ne sera rien...

(Elle rentre chez elle.)

LES ENFANTS, redescendant avec des cris de joie.

Les mages ! Papa, voilà les mages avec l'étoile !

SCÈNE VII

LES MÊMES, LE CORTÉGE DES ROIS MAGES.

En tête un joueur de violon. — Puis sur une même ligne les trois mages, re-présentés par trois enfants, dont l'un, celui du milieu, est barbouillé en nègre. — Ils portent tous trois des bonnets de carton peints et dorés en forme de mitre. Ils ont des robes de couleur différentes et tiennent, d'une main un sceptre fait avec des bâtons de rideaux, de l'autre une assiette avec présents offerts au pasteur : un gâteau, un fromage, etc. — Derrière eux un grand garçon porte au bout d'une perche une lanterne coiffée d'une étoile transpa-rente en papier. — Viennent ensuite les deux chanteurs, puis la bûche de Noël, ornée de rubans aux couleurs nationales et portée par deux paysans. — Puis des hommes, des femmes, des enfants, etc. — Tout le monde s'incline en pas-sant devant Tidmann, qui s'est assis à gauche de la scène, entouré des femmes et des enfants; ceux-ci montés sur les tables, sur les bancs, etc. — Après avoir défilé sur l'air de marche, le cortége fait face au public et commence le chant.

NOEL.

WEKERLIN, Échos du temps passé : *Dans notre village.*
Arrangé par M. Couder.

LES DEUX CHANTEURS.

Messieurs les rois mages,
Venez promptement!

TOUS.

Messieurs, etc.

LES CHANTEURS.

Quel événement,
Et quel beau jour pour le village!

TOUS.

Quel événement, etc.

LES CHANTEURS.

Jamais le soleil...

TOUS.

N'a vu le pareil!

Deuxième couplet.

LES CHANTEURS.

Une étoile blanche
Conduit les bergers!...

TOUS.

Une étoile, etc.

LES CHANTEURS.

Les voilà rangés
Avec leurs habits du dimanche...

TOUS.

Les voilà, etc.

LES CHANTEURS.

Chacun apportant...

TOUS.

Son petit présent!

Troisième couplet.
(Les trois mages s'avancent avec tous les autres enfants et chantent seuls.)

LES ENFANTS.

Les ang's de leurs ailes
Abritent le toit...

TOUS (piano).

Les ang's, etc.

LES ENFANTS.

Car il fait bien froid,
Et partout on grelotte, on gèle...

TOUS (de même).

Car il fait, etc.

LES ENFANTS.

Hélas! mes amis!

TOUS (forté).

Quel pauvre logis!

Quatrième couplet.

TOUS, se levant et s'avançant.

Les saints à la ronde
S'embrassent au ciel...
Voici l' jour de Noël
Qui va sauver le méchant monde!
Oui, c'est ce jour-là
Qui nous sauvera!

TIDMANN, donnant de l'argent aux chanteurs.

Denise, faites rafraîchir ces braves gens! Ils en ont besoin,
ils viennent du fin fond de l'Orient.

LE GARÇON qui porte l'étoile.

Monsieur le pasteur, n'oubliez pas l'étoile, s'il vous plaît!...
elle vient de bien plus loin!

TIDMANN.

C'est juste! — Tiens, mon garçon!

TOUS.

Vive monsieur le pasteur!

TIDMANN.

Criez vive Noël, mes enfants, c'est la fête de tout le monde !
Et la bûche de Noël ! Où est la bûche ?

MATHIAS.

Présent la bûche !

(Les deux porteurs la déposent à terre, aux pieds du pasteur.)

TIDMANN.

Une vieille coutume que vous négligez trop, mes amis, il
faut que je vous gronde. Laissez les méchants esprits s'égayer
aux dépens de notre bonne bûche de Noël ! — Elle plaira toujours aux braves cœurs, car elle est l'emblème de ce foyer domestique qui est tout notre monde à nous, puisqu'il représente
la maison et la famille, tout ce qui nous aime et tout ce que
nous aimons ! Ne la méprisez pas, mes enfants; c'est à sa lueur
que vous avez essayé vos premiers pas, bégayé vos premiers
mots; c'est à sa flamme que vous réchaufferez un jour vos
membres grelottants. — Ne la méprisez pas et regardez-la souvent ! Elle vous apprendra l'ordre et le travail, en vous rappe-
lant, par sa présence, que les cendres de la maison paternelle
sont un héritage sacré qu'il ne faut jamais disperser au vent de
la paresse et de la débauche. Elle vous enseignera mieux encore : la charité !... l'oubli des fautes du prochain et le repentir des vôtres ! Elle vous dira ce soir qu'une année nouvelle va
commencer à ses premières étincelles pour s'éteindre avec ses
derniers tisons; et cette saisissante-image de la brièveté de
notre vie vous avertira qu'elle n'a pas de place pour la haine.
(Avec intention, et regardant deux paysans qui détournent la tête.) Et s'il en est
parmi nous qui nous aient donné l'exemple de la discorde...;
si, depuis plus d'un an, deux frères que je ne veux pas nom-
mer, mais qui m'entendent bien, nous ont affligés par le scandale de leurs querelles !... c'est, croyez-le bien, mes amis, c'est
que leur père est mort, c'est que la maison paternelle est
vendue, et qu'ils n'ont plus à la fin de l'année une bûche de
Noël à placer dans l'âtre, en s'embrassant selon l'usage !...
Mais je veux que mon foyer leur tienne lieu du foyer qui leur
manque... Allons, Pierre, la bûche est là !... et Simon ne demande pas mieux !... Allons, Simon ! ton frère est ému, il
pleure... Toi aussi... tu le vois bien !... (Les deux frères se jettent dans les
bras l'un de l'autre. — Il verse quelques goutte de vin blanc sur la bûche.) Et arro-
sons-la donc, mes enfants... cette bonne bûche de Noël qui
rend le frère au frère et les deux enfants à leur père. ---

(Il tend la main aux deux frères, qui la serrent avec effusion. On entend
crier Vergaz.)

SCÈNE VIII

Les Mêmes, ANNIBAL, MUSARAIGNE, VERGAZ.

(Ils entrent en tenant chacun une oreille de Vergaz. Ils ont le sac de voyage, la pique, etc.)

VERGAZ, criant.

Aïe ! aïe !

ANNIBAL à Tidmann.

Mille pardons, monsieur le pasteur ! c'est monsieur qui vient de nous arrêter, mon ami et moi, et qui ne veut pas nous lâcher.

VERGAZ.

Lâchez-moi donc !

TIDMANN.

Eh ! messieurs, doucement !...

VERGAZ, criant.

Des vagabonds, monsieur le pasteur ! ils n'ont pas de papiers.

MUSARAIGNE, montrant dans sa poche une liasse de papiers à musique.

Nous n'avons pas de papiers !

ANNIBAL.

Des vagabonds ! il ne sait ce qu'il dit, monsieur le pasteur; seulement... voilà une heure que nous cherchons notre auberge sans pouvoir la retrouver.

MUSARAIGNE, grelottant.

Et il fait chaud !... Flâner à cette heure-ci !...

ANNIBAL, de même.

Mazette !

TIDMANN.

Chauffez-vous, je vous en prie. Christian, offre à ces messieurs des cigares.

MUSARAIGNE, faisant des manières.

Ah ! monsieur ! je n'aurais garde...

ANNIBAL.

Ah ! nous serions bien fâchés !...

TOUS DEUX, prenant des cigares.

De refuser !...

TIDMANN, se retournant vers son monde.

Ah çà ! après les grandes personnes, les enfants !... Et l'arbre !...

LES PETITS.

L'arbre ! l'arbre !

TOUS.

Oui ! oui ! l'arbre.

(Musaraigne et Annibal se regardent sans comprendre.)

CHRISTIAN.

Le voilà.

(Il ouvre à deux battants la porte de la salle à manger, et on aperçoit sur la table l'arbre tout resplendissant de lumières, de cadeaux, de rubans, etc.)

LES ENFANTS se précipitant dans la salle à manger.

Ah ! Noël ! Noël !...

(Tout le monde les suit en chantant.)

REPRISE DU CHŒUR.

Les saints à la ronde, etc.

(La porte de la salle à manger reste ouverte.)

MUSARAIGNE, se bouchant les oreilles.

Qu'est-ce que c'est que ça, ventre de loup ?

ANNIBAL.

Ça !... c'est de la musique !

MUSARAIGNE, de même.

Jamais !

SCÈNE IX

TIDMANN, ANNIBAL, MUSARAIGNE.

TIDMANN, redescendant [*].

Je vous demande pardon, messieurs; mais les enfants n'attendent pas, et c'est le moment de leur souper...

ANNIBAL, regardant au fond.

Mais, faites donc, monsieur le pasteur, c'est délicieux cette petite fête !

MUSARAIGNE.

Délicieux ! la musique surtout. (Il fait la grimace.)

(On ferme la porte.)

TIDMANN, souriant.

Oui, elle vous fait un peu grincer des dents !... Ces messieurs sont Français ?...

* Annibal, Tidmann, Musaraigne.

MUSARAIGNE.

Parisiens, monsieur, Parisiens.

TIDMANN.

Artistes ?...

ANNIBAL, présentant Musaraigne.

Mon ami Jean Musaraigne, compositeur d'un mérite trans-
cendant.

MUSARAIGNE, présentant Annibal.

Et l'inimitable sculpteur Annibal Tourteau.

TIDMANN.

Je vous félicite, messieurs... deux professions...

ANNIBAL.

Absurdes! oui, monsieur.

TIDMANN.

Comment, absurdes ?

MUSARAIGNE.

Parbleu ! A quoi voulez-vous qu'elle me serve, ma musique ?...

ANNIBAL.

Et ma sculpture, donc ?...

TIDMANN.

Eh bien, à faire des statues !

ANNIBAL.

Allons donc! des statues ! — Supposons que vous me disiez
tout à l'heure : « Annibal, fais ma statue !... » Qu'est-ce que
vous voulez que je fasse d'un bonhomme habillé comme vous?

TIDMANN, surpris, se regardant.

Je sais bien que...

ANNIBAL.

Mais, non! vous ne savez pas... vous ne pouvez pas savoir...
Encore, si vous étiez général, je vous mettrais un manteau.
Voyez les statues des généraux... elles ont toutes des manteaux !
Avec un collet relevé jusque-là, et le chapeau sur les yeux ; c'est
encore présentable, mais un habit marron !... Par Pollux !
qu'est-ce que vous voulez que je fasse d'un habit marron ?...

TIDMANN.

La sculpture, peut-être, oui ! Mais la musique ?...

MUSARAIGNE.

Ah ! bien, parlons musique, tenez ! Lui, il est sculpteur,
mais au moins il ne sculpte rien; il n'y a que demi-mal...
tandis que moi, je fais de la musique et on ne l'entend pas.

TIDMANN.

On ne l'entend pas?...

MUSARAIGNE.

Je m'explique... on l'entend...

ANNIBAL.

Trop !

MUSARAIGNE.

Mais on n'y entend rien !...

ANNIBAL.

Oh ! pas un mot !

TIDMANN.

Pas un mot ! mais il me semble que la musique n'a pas tant de mots à dire, et pourvu qu'elle charme...

ANNIBAL.

Oui, mais il a changé cela, lui... La sienne ne charme pas.

MUSARAIGNE.

Jamais !

ANNIBAL.

Elle peint !

MUSARAIGNE.

Elle décrit !

TIDMANN.

Quoi ?

MUSARAIGNE.

Tout ! Depuis le jeu du télégraphe électrique le plus compliqué jusqu'à l'action la plus ordinaire, tel que lire son journal ou bien ouvrir son parapluie.

TIDMANN.

Tout cela en musique ?

ANNIBAL.

Exemple : Vous voulez dire à votre domestique : « Pierre, le café est trop chaud ! » Musaraigne, traduis cette phrase en musique, mon bon !...

(Musaraigne fredonne quelques notes bizarres et termine par une sorte de cri.)

TIDMANN.

Cela veut dire que le café est trop chaud ?

MUSARAIGNE.

Comment ! cela veut dire ?... Vous n'avez donc pas écouté ?... Pierre... (Il chante.) le café... (Même jeu.) Vous ne voyez pas le café ?... Vous ne le sentez pas ?... Une petite phrase sauvage, orientale, parfumée... Et trop chaud... monsieur... trop chaud ! (Même jeu.) Un cri... celui d'un homme qui se brûle !

ANNIBAL.

Evidemment ! Tandis que si vous remplacez le cri par une phrase comme celle-ci, par exemple ! (Il fredonne.)

MUSARAIGNE.

Ah ! ça, c'est autre chose : ça veut dire que le café est trop sucré.

TIDMANN.

Trop sucré !

MUSARAIGNE.

Parbleu ! ceci... (Il répète le chant d'Annibal.) C'est le sucre... ce ne peut être que le sucre.

TIDMANN*.

Vous m'en voyez stupéfait ! Oserai-je vous demander où vous allez ainsi, messieurs?...

MUSARAIGNE.

En Italie.

TIDMANN.

Par nos montagnes ?...

ANNIBAL.

Oui ! une jolie plaisanterie d'un camarade à nous qui nous a tracé l'itinéraire par ce village, sous prétexte qu'il y a passé avant nous et qu'il y a laissé des souvenirs... Farceur de Frédéric ! va !... (Marthe, qui traversait la pièce pour entrer dans la salle à manger, s'arrête au nom, et redescend jusqu'à sa chambre sans être vue; elle laisse la porte entre-baillée et écoute.) Je suis sûr qu'il a mis à mal les trois quarts de vos brebis, monsieur le pasteur.

TIDMANN.

Mais pas que je sache, monsieur.

MUSARAIGNE.

C'est qu'on ne vous dit pas tout.

TIDMANN.

J'aime mieux croire que l'on a rien à cacher, et que votre ami n'est pas si dangereux qu'il veut bien le dire.

ANNIBAL.

Lui ! Frédéric Davril !... Irrésistible ! D'abord du talent... paysagiste... premier prix de Rome ! Et puis du charme, de l'esprit, de l'entrain ! Le cœur sur la main avec ses amis, la main sur le cœur avec les dames...

TIDMANN.

Bref, un libertin !

* Musaraigne se chauffant, Tidmann, Annibal.

MUSARAIGNE.

Ses moyens le lui permettent !... il n'est pas marié.

TIDMANN.

Et vous allez le rejoindre ?...

ANNIBAL.

A Rome.

MARTHE, laissant échapper un cri.

Ah !

(Elle ferme vivement la porte.)

ANNIBAL, se retournant.

Plaît-il !...

TIDMANN, surpris et cherchant autour de lui.

Un cri !

ANNIBAL.

Cri musical !... Musaraigne, quel est le sens de cette harmonie ?...

MUSARAIGNE.

Si dièze! Attendez ! attendez !... C'est un domestique qui a cassé quelque chose.

ANNIBAL.

Précisez !... La nature de l'objet cassé ?

MUSARAIGNE.

Une assiette ou un plat ! Le *dièze* indiquerait plutôt un plat.

ANNIBAL.

Poussez-le un peu, il vous dira si c'est de la vaisselle à fleurs.

TIDMANN, préoccupé du cri.

C'est admirable ! — Oserai-je vous offrir l'hospitalité pour cette nuit, messieurs?... Après le repas des enfants, le prêche; ensuite le réveillon. Si notre modeste souper, suivi d'un bon lit?

ANNIBAL.

Vous êtes trop bon, monsieur le pasteur, nous avons quelque hâte de nous coucher... Nous avons demandé trois mulets, dont un guide, pour trois heures du matin, afin de voir lever le soleil en route.

MUSARAIGNE, grognant.

Oui ! encore une jolie idée !

ANNIBAL.

Silence! musicien. Et pour le moment, nous n'avons qu'un désir, c'est de nous coucher si nous retrouvons notre auberge.

TIDMANN.

Vous la retrouverez, messieurs. Mon gendre vous accompagnera jusqu'à la porte.

(Il remonte et ouvre la porte de la salle à manger; Christian sort et il lui parle bas pendant l'aparté suivant.)

ANNIBAL.

Vous êtes la fleur de la courtoisie! (En poussant Musaraigne.) Saperlotte, nous évitons le prêche!

MUSARAIGNE.

Et la musique! boum!

ANNIBAL.

Et les mômes! boum! Est-il permis d'avoir tant d'enfants que ça!

MUSARAIGNE.

Mon Dieu! dans les montagnes... l'hiver!

TIDMANN, saluant.

Messieurs...

MUSARAIGNE et ANNIBAL, ensemble.

Monsieur le pasteur, croyez que ce ne sera pas sans une vive émotion que nous nous rappellerons désormais l'heure de notre rencontre; ce jour est de ceux qu'il faut marquer d'une croix blanche, *alba cruce*. (Saluant.) Oui! monsieur le pasteur! oui!

(Chantant en parodiant les sorties d'opéra-comique.)

Air nouveau de M. Couder.

Partons!... sortons!... partons!... sortons!... etc.

(Ils sortent.)

CHRISTIAN, au pasteur.

Eh bien, en voilà des originaux!

(Il sort derrière eux.)

SCÈNE X

TIDMANN, MARTHE.

(Marthe ouvre sa porte pour sortir, se croyant seule, et fait un mouvement pour suivre Annibal et Musaraigne. Elle s'arrête à la vue de Tidmann.)

TIDMANN.

Je vous fais peur, Marthe?

MARTHE, troublée.

Non, monsieur...

(Elle va pour entrer dans la salle à manger.)

TIDMANN.

Restez... j'ai à vous parler.

MARTHE.

Ah! vous avez...

TIDMANN, s'asseyant près de la table.

J'ai un reproche à vous faire.

MARTHE.

A moi?...

TIDMANN, la faisant asseoir sur le banc près de lui.

Oui! à vous, mon enfant!... Voyons, Marthe, il y a six mois que je vous traite comme ma fille, n'est-ce pas?... et jusqu'ici, votre conduite m'a prouvé l'excellence de votre cœur. Quant à l'intelligence, je n'en parle pas, je me suis souvent demandé où vous preniez le courage d'apprendre si vite et si bien... Mais ce qui me fâche et m'inquiète, c'est de voir, après mes leçons, succéder à cette fièvre de travail une tristesse, une mélancolie inexplicables!... Alors, vous n'avez plus qu'un désir : sortir, sortir bien vite, et courir les champs toute seule... Est-ce vrai, mon enfant?

MARTHE.

Oui, monsieur.

TIDMANN.

Dans les premiers temps, je ne m'en étonnais pas : on ne réforme pas en un un jour les habitudes de quinze ans! Faite à l'air libre, vous deviez étouffer ici, et je ne voyais nul inconvénient, dans un pays où tout le monde vous aime et vous respecte, à vous laisser courir seule de ma maison à la ferme, car je sais que c'est là le but de vos promenades! Malheureusement, vous ne rapportez de ces sorties journalières qu'une tristesse plus profonde, et depuis deux mois surtout, ce ma. secret grandit au point de m'inquiéter sérieusement. Je vous en prie, Marthe, répondez-moi. Souffrez-vous?... Que vous manque-t-il?... Quel chagrin mine votre santé?... Enfin, Marthe, mon enfant!... ma fille! qu'avez-vous?...

MARTHE, se levant.

Ah! monsieur, ne me le demandez pas!... Tout!... tout! excepté cela!

TIDMANN.

Il faut donc que je vous aide?... Vous ne regrettez pas le séjour de la ferme?

MARTHE.

Oh! non.

TIDMANN.

Mais, peut-être, regrettez-vous quelqu'un?... Soyez franche,

Marthe... A qui confierez-vous vos premiers chagrins, si ce n'est à moi, votre pasteur et votre père ?...

MARTHE.

Non, monsieur, ce n'est pas ce que vous pensez.

TIDMANN, se levant.

Alors, Marthe, expliquez-moi le sens de ce petit papier à demi brûlé que j'ai trouvé tantôt, par hasard, dans les cendres de votre cheminée ?...

MARTHE.

Ce papier ?...

TIDMANN.

Oui !

MARTHE, avec effort.

C'est la copie de la dictée que vous nous avez faite hier !

TIDMANN.

Non, ce n'est pas la dictée ! Car ce n'est pas moi qui vous aurais dicté des phrases comme celle-ci : « Vous ne venez pas ! j'attends !... j'attends et je meurs ! »

MARTHE.

Ah !

TIDMANN.

C'est une lettre ! A qui écriviez-vous cette lettre ?

MARTHE.

Je ne veux pas le dire.

TIDMANN.

Vous ne le voulez pas ?... Et si j'exige que vous répondiez ?

MARTHE.

Vous ne pouvez pas me forcer...

TIDMANN.

Vous forcer ! Je n'y songe pas, Marthe ! Mais ne vous étonnez pas si ce refus change désormais tous nos rapports !... En vous donnant dans ma maison les mêmes avantages qu'à mes filles, je vous imposais les mêmes devoirs ! Ces devoirs vous pèsent... n'en parlons plus ! Vous retournerez demain à la ferme.

MARTHE.

Oui, monsieur.

TIDMANN.

Mais ce ne sera pas ma faute, Marthe, si je manque au serment que j'ai fait à votre mère.

MARTHE, émue,

Ma mère!

TIDMANN.

Et s'il faut jamais lui rendre compte de ma conduite, Dieu m'est témoin que je pourrai lui dire : « Ce n'est pas moi qui ai refusé à votre fille la tendrese et les soins que je vous avais promis pour elle ; c'est elle qui n'en a pas voulu... »

MARTHE.

Monsieur Tidmann!

TIDMANN, avec plus de chaleur.

« C'est elle qui m'a fermé son cœur... c'est elle qui m'a repoussé !... »

MARTHE, de plus en plus émue.

Oh! monsieur!

TIDMANN, de même.

« Et qui n'a pas voulu se dire ma fille! comme si elle s'était reconnue indigne de l'être. »

MARTHE, s'oubliant.

Ah! c'est vrai!...

TIDMANN.

C'est vrai?....

MARTHE.

Ah! monsieur Tidmann!...

TIDMANN.

Parlez!

MARTHE.

Oh! il est trop tard! il est trop tard!

(Elle tombe à genoux.

TIDMANN.

Trop tard!

MARTHE.

Je suis perdue!...

TIDMANN.

Malheureuse enfant !... relevez-vous !... et pour votre honneur, taisez-vous! Plus bas! plus bas!

MARTHE.

Ah! monsieur Tidmann, pardonnez-moi!

TIDMANN.

Mais ma maison est honnête... Tout ce qui m'entoure... Ce ne peut être ici... ce n'est pas chez moi, n'est-ce pas?...

MARTHE.

Oh non!

TIDMANN.

C'est donc à la ferme?... (signe affirmatif.) Peu de temps avant votre départ

MARTHE.

Deux mois avant.

TIDMANN.

Et cet homme... est-il du pays?... (signe que non.) Non! C'est un étranger?...

MARTHE,

Un Français! un peintre!

TIDMANN, frappé d'une idée subite.

Celui?... ce Frédéric?...

MARTHE, l'interrompant.

Oui... lui! lui!... Il est resté six semaines là-haut! il venait dessiner dans le bois où j'allais souvent avec mes chèvres... Il était si bon, si doux! il ne parlait que de m'épouser... Sans cela... mon Dieu!... Et il m'aimait tant! monsieur Tidmann. (Fondant en larmes.) Il m'aimait tant! il n'est pas possible qu'il ne m'aime plus!

TIDMANN.

Et il vous a quittée?

MARTHE

Oui! mais en jurant qu'il serait de retour dans un mois! Il disait qu'il allait retourner chez ses parents pour demander leur consentement au mariage, et puis qu'il viendrait me chercher... Je croyais tout, moi, puisqu'il m'avait déjà donné son anneau!... Tenez! le voilà! — J'ai attendu un mois, et cela me paraissait bien long déjà! C'est alors que vous êtes venu me chercher... J'étais bien contente, parce que je me disais : Je vais étudier maintenant, et quand il arrivera, il sera tout surpris de retrouver une demoiselle au lieu d'une paysanne... Mais il ne venait pas, monsieur Tidmann! Le temps se passait, les semaines... les mois! J'écrivais des lettres toutes les nuits, comme s'il avait dû les lire... et puis je les brûlais et j'allais tous les jours à l'endroit où il m'avait fait ses adieux, et je regardais le chemin pendant des heures!... mais jamais!... jamais lui!... jusqu'à la nuit où je revenais la mort dans l'âme, tellement que souvent... j'ai pensé...

TIDMANN.

Malheureuse!

MARTHE, avec désespoir.

Ah! ce serait fini au moins! tandis que maintenant, vous

voyez bien... il ne pense pas à moi!... il est loin!... loin d'ici!...
Il ne m'aime pas... il m'a menti! (Sanglotant.) Et je suis perdue,
moi!... je suis perdue!

(Elle retombe à genoux.)

TIDMANN.

Ah! malédiction sur celui qui se fait un jeu de telles dou-
leurs!

MARTHE, avec un éclair d'espérance au milieu de ses larmes.

Mais je sais où il est!... ils l'ont dit! Il est à Rome!...

TIDMANN.

Hélas! pauvre enfant! quel espoir cela vous laisse-t-il? Vous
avez entendu?

MARTHE.

Tout!

TIDMANN.

Un jeune fou! passionné! dépensier! léger!

MARTHE, poursuivant son idée.

Oui! mais il n'est pas marié!

TIDMANN.

Épris de toutes les femmes qu'il rencontre.

MARTHE, se relevant peu à peu et regardant M. Tidmann comme pour le supplier de lui
laisser son espoir.

Mais il n'est pas marié!...

TIDMANN.

Et trompeur!...

MARTHE, debout, et lui fermant la bouche.

Il n'est pas marié!...

TIDMANN.

Vous avez raison, Marthe, je partirai demain avec ces jeunes
gens!...

MARTHE.

Vous?...

TIDMANN.

N'est-ce pas mon devoir? Ne suis-je pas ce que les hommes
et Dieu lui-même appellent un pasteur?... un homme qui, à
toute heure de jour et de nuit, doit ceindre ses reins et prendre le bâton de voyage pour le salut des âmes égarées? Et cette
fois, chère enfant, n'ai-je pas deux âmes à sauver du mal,
vous et lui?...

MARTHE.

Que vous êtes bon!

TIDMANN.

Je lui parlerai, Marthe... Dieu me donnera l'éloquence qui confond et qui touche, je vous le ramènerai repentant et heureux, et ce sera la plus belle fête de ma vie!

MARTHE.

Oh! mon père!

(Rires des enfants et bruit dans la salle voisine.)

TIDMANN.

Ne dites rien pour ne pas troubler notre Noël! Allez vous préparer, nous irons au temple, et c'est alors que j'annoncerai mon départ... Allez, ma chère enfant, allez!

(Il entre dans la salle à manger; les enfants l'accueillent par des cris. La porte se referme.)

SCÈNE XI

MARTHE, seule.

Ah! non! non! ce n'est pas lui qui partira, c'est moi! c'est moi qui le verrai, qui lui parlerai! Je serai si résignée et si douce, qu'il n'aura pas le courage de me repousser... et s'il faut un miracle pour l'attendrir, ce n'est pas la charité d'un autre qui le fera : c'est mon amour!

VERGAZ, au dehors.

Il est neuf heures! il neige!

MARTHE.

Neuf heures déjà! On va m'appeler pour souper!... Et puis, si j'attends le milieu de la nuit, tout le village va faire réveillon, on me verra fuir!... tandis qu'à présent... (Elle va à la fenêtre.) Personne! Je connais les chemins... je serai à Lausanne avant le jour! Et là, une voiture... une voiture!... Et l'argent!... l'argent... que j'oublie!...

(Elle entre dans sa chambre.)

VERGAZ, s'éloignant.

Neuf heures!... il neige!...

MARTHE. (Elle rentre aussitôt avec un coffret.)

Tout ce que j'ai amassé depuis six mois! L'argent que M. Tidmann me donnait chaque semaine, et que j'économisais pour me faire belle à son retour... Avec mes pauvres petits bijoux que je vendrai à Lausanne, j'aurai peut-être assez... il me faut si peu, à moi! J'ai vécu de pain bis à la ferme... je suis bonne marcheuse... avec cela, de temps en temps la charrette d'une laitière qui me laissera monter, j'arriverai bien!

oh! j'arriverai bien où il est ! Et une fois là-bas... (Rires des enfants
dans la salle à manger.) Chère maison où j'étais si aimée! au moins
un adieu!...

(Elle prend un petit pupitre et écrit sur ses genoux.)

MADAME TIDMANN, dans la salle à manger.

Allons! allons! voulez-vous vous taire; chantez votre petit
Noël.

LES ENFANTS, chantant, tandis que Marthe écrit.

Voici la Noël des anges,
   Voici la Noël!
Le Seigneur allume au ciel
Un bel arbre pour ses anges;
Le Seigneur allume au ciel
Un bel arbre de Noël...

MARTHE, relisant.

« Pardonnez à la pauvre coupable, monsieur Tidmann, et
« priez pour elle!... Elle part à votre place! Je suis sûre que
« Dieu m'approuve, qu'il veut me faire mériter, à force de dé-
« vouement et de vertu, le véritable amour dont ma faiblesse
« m'avait rendue indigne!... et qu'il me sera permis de me
« dire un jour, sans honte, votre fille... »

DENISE, ouvrant la porte de la salle à manger.

Marthe! viens donc voir ton cadeau!

MARTHE, cachant sa lettre.

Oui! j'y vais! (La porte se referme.) Sans moi! c'est donc vrai!... Ils
vont s'asseoir là!... sans moi!... et demain, après-demain!...
toujours! je n'entendrai plus cette douce voix : Marthe, viens
donc! Ah! si je pense à cela!... je ne partirai jamais!... (Elle jette
sur ses épaules un petit manteau de femme et ouvre tout doucement la porte.) Pourvu
qu'on n'entende pas crier la porte!... (Se retournant vers la porte du fond.)
Adieu!... Adieu!.. tous! Je vous emporte dans mon cœur, car
vous étiez bons pour moi! et je vous aime! je vous aime!... je
vous aime!...

(Elle disparaît. On entend les enfants. La porte de la salle à manger s'ouvre
toute grande.)

SCÈNE XII

TOUS, moins MARTHE.

On rentre avec les lanternes allumées.)

JOST, pleurant.

Je ne veux pas aller me coucher, moi!...

LES AUTRES ENFANTS.

Moi non plus!

TIDMANN.

Allons, silence! Les enfants au lit, et nous au prêche! Ma canne! mon chapeau!

JOST, de même.

Je ne veux pas me coucher, moi!

SCÈNE XIII

LES MÊMES, MUSARAIGNE et ANNIBAL, tout blancs de neige.

TOUS, poussant un cri.

Oh!

MUSARAIGNE.

Pardon! c'est encore nous!..

TIDMANN.

Eh, mon Dieu! Vous avez encore perdu le chemin de l'auberge?

ANNIBAL.

Non! cette fois-ci c'est le guide que nous avons perdu!

TIDMANN.

Eh bien, nous allons vous mettre chez vous; en route, mes enfants!

(Tout le monde se met en marche et sort en chantant le noël.)

Messieurs les rois mages, etc.

MADAME TIDMANN, pendant que le cortége sort.

Eh bien! et Marthe? où est donc Marthe?

CHARLOTTE, appelant au fond avec Denise.

Marthe!

MADAME TIDMANN, dans la chambre de Marthe.

Marthe!

CHRISTIAN, LES ENFANTS, tous criant avec inquiétude.

Marthe!

MADAME TIDMANN, revenant effarée.

Elle n'est nulle part!

(Tout le monde regarde Tidmann avec anxiété. Il aperçoit la lettre, la prend. — Tableau. La toile tombe.)

FIN DU PREMIER ACTE.

ACTE DEUXIÈME

Tivoli. — Au fond, la campagne, des rochers, des arbres. — Le temple de la sibylle. — Un chemin qui descend de gauche à droite et qui aboutit à la scène par un retour à droite, en faisant un coude dans la coulisse. — Au 1er plan, à gauche, une auberge. — Toute la droite est occupée par une tonnelle. — Des poteaux de briques supportent des traverses en bois chargées de feuillages ; sous la tonnelle, une pelouse accidentée qui descend jusqu'à l'avant-scène. — Au milieu du théâtre, un peu vers la gauche, un puits avec son armature de fer, la poulie, les seaux, etc.

SCÈNE PREMIÈRE

MARCASSONE, VALETS, puis STROZZI, ÉLÉNA.

Au lever du rideau, un valet d'auberge tire un seau d'eau du puits. Son chapeau de paille est accroché à la grille de fer.

MARCASSONE.

Vite donc, vous autres ! c'est la voiture de M. le comte Strozzi ! *Presto ! presto !*

STROZZI, entrant avec sa sœur.

Allons, Marcassone ! vite les chevaux !

MARCASSONE.

Madonna ! Votre Excellence et cette incomparable étoile qui l'accompagne ne me feront pas l'honneur de dîner chez moi avant de visiter les cascades ? J'ai des *ravioli... una testa di porco !...*

STROZZI, lui coupant la parole.

Eh bien, garde-la, mon bon ; je ne suis pas à Tivoli pour les cascades ; j'emmène ma sœur à Venise, et j'ai hâte de partir.

MARCASSONE.

C'est une amertume très-grande pour votre esclave.

STROZZI.

Allons, assez ! Les chevaux ! vite ! vite !

ÉLÉNA, bas à Marcassone, lui donnant de l'argent.

Non, doucement... doucement.

MARCASSONE, de même.

Capisco ! (A ses valets.) Allons ! aux chevaux ! vite ! vite ! (Bas à Eléna.) *Piano ! piano !* (Il sort avec ses valets.)

SCÈNE II

ÉLÉNA, STROZZI.

STROZZI.

Voilà un beau soleil de printemps, ma sœur.

ÉLÉNA.

Oui, très-beau !

STROZZI.

Ne pensez-vous pas que notre tante sera bien surprise et bien charmée de vous voir, Eléna ?

ÉLÉNA.

Oui, je le crois !

STROZZI.

Vous verrez que ces quelques mois passés loin de Rome vous feront du bien. Vous avez trop dansé cet hiver, Eléna... sur l'honneur, trop dansé !

ÉLÉNA.

Pas plus qu'à l'ordinaire, mon frère.

STROZZI.

Pardonnez-moi ! Il n'était question que de votre grâce... et de vos soupirants... au dernier bal de Torlonia surtout... Ce Français... ce peintre... Comment l'appelez-vous ?..

ÉLÉNA.

Je ne sais.

STROZZI.

Si fait ! aidez-moi donc ! Frédéric, je crois ? Frédéric Davril !... n'est-ce pas ?...

ÉLÉNA.

Peut-être... oui !

STROZZI.

Quelle sublime indifférence, ma chère, pour un homme qui va se tuer !

ÉLÉNA.

Se tuer ?...

STROZZI.

De désespoir ! mais certainement... quand il ne va plus vous voir ! — Ah çà, ce Marcassone se moque de moi ! Dix minutes de relais ! Attendez-moi ! (Sortant.) Marcassone ! veux-tu te dépêcher, drôle !... Où es-tu ?..

SCÈNE III

ÉLÉNA, FRÉDÉRIC.

(A mesure que Strozzi remonte, Frédéric paraît sous la tonnelle.)

FRÉDÉRIC.

Enfin!

ÉLÉNA, vivement.

Vous étiez là! J'en étais sûre!

FRÉDÉRIC.

Depuis le lever du soleil! j'ai reçu à minuit votre petit billet, qui m'indiquait ce relais comme le seul endroit où nous pourrions échanger quelques mots! J'ai sauté à cheval... et je vous ai devancée à bride abattue! C'est donc vrai! vous partez, Eléna! il vous emmène?

ÉLÉNA.

Pour quelques mois seulement.

FRÉDÉRIC.

Seulement!... Heureusement je pars aussi, moi!

ÉLÉNA.

Pour Venise?

FRÉDÉRIC.

Et pour quel autre paradis! Où vous serez, Eléna, je serai toujours... car là seulement est ma vie!

ÉLÉNA.

Gardez-vous-en bien, ou tout est perdu!

FRÉDÉRIC.

Perdu!

ÉLÉNA.

Irais-je à Venise, mon ami, si mon frère n'avait deviné notre amour?..

FRÉDÉRIC.

Vous croyez?..

ÉLÉNA.

Il vient de me le dire! Et vous ne connaissez pas cet orgueil de gentilhomme et de Romain! La seule pensée que vous cherchez à ruser avec lui, ou à le braver...

FRÉDÉRIC.

Et vous voulez que je reste?...

ÉLÉNA.

A Rome ! Oh! je vous en prie; c'est le seul moyen de hâter mon retour. Croyez-vous, Frédéric, que cette séparation ne me soit pas aussi cruelle qu'à vous?...

FRÉDÉRIC.

Je vous obéirai, Éléna! Mais seul... loin de vous!... quelle épreuve! Du moins m'écrirez-vous?...

ÉLÉNA.

Oui ! mais ne répondez pas.

FRÉDÉRIC.

Et vous m'aimerez toujours?...

ÉLÉNA.

Sempre ed ancora!

STROZZI, dehors.

Eléna !

ÉLÉNA.

Mon frère! Fuyez!

FRÉDÉRIC, ôtant lestement son paletot qu'il jette dans l'auberge, et saisissant le chapeau de paille accroché à la grille du puits.

Bah! là-dessous, je le défie de me reconnaître !

(Il saute sur la margelle du puits et fait semblant de secouer la corde détachée de la poulie.)

SCÈNE IV

LES MÊMES, STROZZI.

STROZZI, entrant vivement.

En route, Eléna! la voiture est... (s'arrêtant à la vue de Frédéric.) est prête !

(Il regarde Frédéric, qui s'arrange pour lui tourner le dos.)

ÉLÉNA *.

Ce n'est pas malheureux !... Allons ! Eh bien ?

STROZZI. (Il continue à regarder Frédéric, et tourne autour du puits; Frédéric tourne en même temps que lui en lui cachant toujours sa figure, et en grommelant dans ses dents des jurons italiens.)

Allez ! allez ! je vous suis !

(Il se penche une dernière fois pour regarder Frédéric sous le nez.)

FRÉDÉRIC, sautant à terre comme s'il renonçait à arranger la poulie.

Ah! questa maladetta carrucola!...

___

* Eléna, à gauche, remontant; — Frédéric sur le puits; — Strozzi.

STROZZI, haussant l'épaule.

Ah ! ces valets ! (A sa sœur.) Allons !...

ÉLÉNA, à part.

Enfin !

(Elle regarde Frédéric en baisant le bout de son gant et le laisse tomber
en s'en allant.)

SCÈNE V

FRÉDÉRIC, seul ; ramassant le gant.

Eh ! allez donc ! un gage d'amour !... un joli petit gant mignon ! (Eclatant de rire.) Nous l'ajouterons à la collection... case 2,
gants et mitaines, n° 174 ! (Roulement de voiture.) Partie ! charmante
femme ! (Il s'assied sur la margelle du puits.) Je crois véritablement que
je l'aime !... Parole d'honneur !... ce départ me chagrine. Je
m'étais fait une si douce habitude de la voir le soir au bal ; de
lui parler amour sous le bouquet et l'éventail. C'était fin, dis-
tingué, aristocratique ! Une jolie femme... en jolie toilette...
au milieu des fleurs... au son de la musique... et tous les deux
jours seulement... une fièvre intermittente ! Et puis la sœur
d'un Strozzi ! cela flattait ma vanité !... Pauvre Eléna !... je me
sens un vide là ! (Il porte la main à son cœur.) Mais là aussi !... (Il la met
sur l'estomac.) Miséricorde ! Mais j'ai très-faim, moi ; et ces farceurs
que j'invite à déjeuner ici, et qui n'arrivent pas !

ANNIBAL, dehors.

Eh ! Frédéric !

FRÉDÉRIC, jetant le chapeau de paille en l'air.

Ah ! les voilà !

MUSARAIGNE, ANNIBAL et VOIX DE FEMMES, dehors.

Frédéric !

FRÉDÉRIC, criant.

Par ici ! Arrivez donc, paresseux !

SCÈNE VI

FRÉDÉRIC, ANNIBAL, MUSARAIGNE, VALENTIN, ROSETTE,
ANGÉLIQUE, VIOLINA, CLARA, puis COMÈTE et MARCAS-
SONE.

(Ils paraissent sur le chemin, qu'ils descendent en courant et en criant. — Musaraigne est en habit noir; Annibal a un énorme chapeau de paille avec cou-
ronne de fleurs, un grand parasol de peintre, une cravate pour ceinture et des
espadrilles. — Les femmes sont comme des Françaises en voyage, et en gari-
baldiennes.)

CHŒUR.

Air de Fortunio : *Toutes les femmes sont à nous.*

Ah! qu'on est bien à Tivoli!
Que c'est charmant! que c'est joli!
    Ruisseaux jaseurs,
    Gazons en fleurs,
    Douce verdure!...
    Fraîches couleurs,
    Oiseaux chanteurs,
    Belle nature!...
Ah! qu'on est bien, etc.

(L'orchestre continue à jouer.)

ANNIBAL.

Eh bien, et Comète, qui devait nous rejoindre avec les vivres?... Eh! monsieur Comète !

TOUS, criant.

Comète !...

COMÈTE, en dehors.

Hé ?...

ANNIBAL, sur le chemin.

Arrivez donc, traînard !

COMÈTE, dehors.

Eh! ce n'est pas ma faute! l'âne va toujours à reculons. —
Eh, hue donc !

TOUS.

Hue donc!

MUSARAIGNE, tirant l'âne.

Veux-tu marcher, animal! crétin! âne !

ANNIBAL.

Poussez-le ferme !

(Il pousse l'âne avec son parasol.)

COMÈTE, entrant sur l'âne, qui est harnaché à l'italienne, avec deux grands paniers sur les flancs.

Mais ne voulez-vous pas taper, vous! L'âne s'emportera...

ANNIBAL.

Je l'en défie!

REPRISE DU CHŒUR.

Ah! qu'on est bien, etc.

ANNIBAL, s'essuyant le front.

Ah! mes enfants, le polisson de soleil!

MUSARAIGNE.

Les cascades!... Je demande à avaler les cascades!...

ROSETTE, regardant autour d'elle.

Ah! que c'est gentil ici!...

FRÉDÉRIC.

Et les vivres?

COMÈTE, portant le panier sous le bras.

Présents! les vivres!

ROSETTE, montrant le gazon.

C'est ici qu'on festoie?...

MUSARAIGNE.

Oui, reine de ma vie!

MARCASSONE, arrivant.

Ecco... cavalieri. Que faut-il servir à leurs excellences?... des *ravioli*?...

TOUS.

Rien! rien!

MARCASSONE.

Una testa di porco!

TOUS.

Rien! rien!

MARCASSONE.

Niente... non plus! Donc, un cicerone à leurs excellences pour visiter les cascades maraviglioses...

TOUS.

Non! — A bas le cicerone!

FRÉDÉRIC.

Donne du vin, et trouve-moi, dans le village, de beaux garçons qui puissent me servir de modèles.

MARCASSONE, surpris.

Dé béaux garçons?

ANNIBAL.

Allons! en route, Mascarone !

MARCASSONE.

Pardon! Marcassone.

MUSARAIGNE, le poussant chez lui.

Eh bien, Massacrone, marche!

SCÈNE VII

LES MÊMES, moins MARCASSONE.

ANNIBAL.

Allons, le couvert! vite, mesdames.

TOUTES.

Voilà ! voilà ! voilà !

(Elles étendent la nappe et dressent le couvert sur le gazon.)

FRÉDÉRIC.

Comète, les paniers?...

COMÈTE, apportant les paniers*.

Voilà !

ROSETTE.

Comète, les assiettes?...

COMÈTE, à genoux et fouillant dans les paniers en répondant toujours sans rien donner.

Voilà !

ANGÉLIQUE.

Comète, les couteaux?...

COMÈTE.

Voilà !

VIOLINA.

Comète, le pâté?...

COMÈTE.

Voilà !

ANNIBAL.

Comète, le saucisson?...

COMÈTE, éclatant.

Ah! Comète! Comète! — Vous m'ennuyez, à la fin!

TOUS.

Qu'est-ce que c'est?

---

* Comète ; — Musaraigne assis sur le puits et tournant le dos ; — Frédéric, Annibal, Valentin. — Les femmes mettent le couvert.

3

COMÈTE.

C'est que j'en ai assez, moi, de vos déjeuners sur l'herbe...
où je trime toute la journée à porter votre victuaille.

LES FEMMES, indignées.

Ah !

FRÉDÉRIC.

Ame vulgaire !

ANNIBAL.

Pas de feu sacré !

FRÉDÉRIC.

Et tu veux faire de l'art !... rapin !

COMÈTE.

Je ne suis pas un rapin, d'abord ! Je ne veux pas qu'on m'appelle rapin. Je suis un amateur, moi ! Ma femme m'a dit à Paris : Comète, je veux que tu ailles en Italie apprendre à faire du paysage... ça t'occupera !

ANNIBAL.

Là-bas ?

COMÈTE.

Là-bas ! — Je ne suis donc pas à l'atelier pour cirer vos bottes, moi ! Je veux faire du paysage ; je veux devenir d'une jolie force dans le paysage !

FRÉDÉRIC.

Eh bien, qu'est-ce que c'est que tout cela, monsieur Comète ? ce n'est pas un paysage ?

COMÈTE.

Si.

FRÉDÉRIC.

Et porter nos bourriches et nos dames au besoin, au milieu de cette belle nature, n'est-ce pas exercer vos forces... dans le paysage ?...

COMÈTE.

C'est bon... c'est bon !... Je veux bien vous servir à table... mais comme ami, pas comme domestique.

LES FEMMES.

A table ! à table !

(Marcassone apporte le vin.)

ANNIBAL à Musaraigne, qui fume tranquillement sa cigarette.

Dis donc, fainéant, voilà comme tu nous aides, toi ?

MUSARAIGNE.

Je contemple.

(Il manque de tomber dans le puits et fait un geste rassurant indiquant qu'il sait nager.)

ROSETTE.

Oh! il n'y a que huit couverts et nous sommes neuf!

ANNIBAL.

C'est assez! Musaraigne ne mange pas!

MUSARAIGNE.

Comment, je ne mange pas?

ANNIBAL.

Musaraigne n'a pas travaillé, il ne mangera pas!

FRÉDÉRIC.

Il contemplera!

MUSARAIGNE.

Mais...

TOUS, le repoussant avec leurs fourchettes.

Arrière!

MUSARAIGNE, à lui-même.

C'est bon! nous allons voir! (Il commence à chanter en récitatif.) Ah! mes amis, que cette nature est belle!... que ces côteaux ver-doyants...

TOUS, effrayés.

Hein?...

MUSARAIGNE, de même.

Que ces vallées ombragées par des chênes séculaires...

ANNIBAL et FRÉDÉRIC.

Oh! assez!

MUSARAIGNE, continuant.

Que ces cascades écumeuses...

TOUS.

Oh!

ANNIBAL, lui fourrant du saucisson dans la bouche.

Mange, misérable! mais tais-toi!

MUSARAIGNE, achevant.

Et que ce saucisson est bon*!

(On lui fait place.)

---

* Musaraigne sur le devant à gauche; au-dessus, Rosette; — Annibal assis sur la margelle du puits; — Clara, Frédéric, Violina, Angélique, Comète, assis en fer à cheval, les uns sur le gazon, les autres sur un tronc d'arbre ou une pierre.

ANNIBAL, à Frédéric.

Ah çà! aurais-tu la prétention de nous faire croire que tu nous a invités à déjeuner ici pour la beauté du paysage uniquement?

FRÉDÉRIC.

Uniquement!

ANNIBAL.

Oui! je crois cela!... Il y a de l'amour.

FRÉDÉRIC.

Par exemple

ANNIBAL.

Il y a de l'amour!

TOUS, tapant sur leurs verres avec leurs couteaux.

Il y a de l'amour! il y a de l'amour!

FRÉDÉRIC, se bouchant les oreilles.

Eh bien! oui! oui! mais silence!

TOUS.

Ah! il l'avoue!

ROSETTE.

Comment est-elle?

ANNIBAL.

Quel âge?

COMÈTE.

Quel nom?

VIOLINA.

Petite?

ANNIBAL.

Grande?

ROSETTE.

Blonde?

MUSARAIGNE.

Brune?

FRÉDÉRIC.

Comme il vous plaira. Dites votre goût. — A vous! monsieur Comète?

COMÈTE.

Brune.

Air nouveau de M. Duprato.

I

C'est la brune la plus belle!...
Son œil noir est un tison
Qui n'attend qu'une étincelle
Pour embraser la maison.　　　(*Bis.*)

La plus belle, à mon avis,
C'est la brune, Pireli !
   C'est la brune !   (*Bis.*)
La plus belle, à mon avis,
C'est la brune, Pireli !
C'est la brune, mes amis !

TOUS.

La plus belle, à son avis,
C'est la brune, Pireli !
   C'est la brune !   (*Bis.*)
La plus belle, à son avis,
C'est la brune, Pireli !
C'est la brune, mes amis,
     Oui !...

II

VALENTIN, se levant.

La blonde est bien préférable,
La blonde est pleine d'attrait !
Car c'est la beauté du diable...
Et le diable s'y connaît !   (*Bis.*)

La plus belle, à mon avis,
C'est la blonde, Pireli !
   C'est la blonde, etc.   (*Bis*).
        (Reprise avec le chœur.)

III

ANNIBAL.

Moi qui suis glacé, mesdames,
Je préfère, vertuchoux !
Les cheveux couleur de flamme,
Autrement dit cheveux roux !
{Oui, j'aime les cheveux roux !
{Il aime les cheveux roux !

La plus belle, à mon avis,
C'est la rousse, mes amis, etc.
   C'est la rousse !   (*Bis.*)
       (Reprise avec chœur.)

IV.

MUSARAIGNE, se mettant à genoux.

La plus belle, je vous jure,
C'est la femme... sans cheveux !...
       (Protestations et rires.)
Elle fait sa chevelure
Au goût de ses amoureux !   (*Bis.*)

La plus belle, à mon avis;
C'est la chauve, Pireli!
　　　C'est la chauve!　　　　　　　‑　　　(*Bis.*)
Oui, le moment, Pireli,
Le plus doux, sans contredit,
C'est quand la chauve::: sourit!

　　　　　　　　　　　(Reprise avec le chœur.

V

FRÉDÉRIC, se levant.

Ingrats!... vous oubliez celle
Qui pour nous, petits ou grands,
Sera toujours la plus belle;
Notre mère aux cheveux blancs.　　(*Bis.*)

La plus belle, à mon avis,
Ah! croyez-moi, mes amis,
　　　Oui, c'est elle!　　　　　　　　　(*Bis.*)
La plus belle, à mon avis,
Oui, la voilà, mes amis,
Notre mère aux cheveux gris!

TOUS.

La plus belle, à mon avis, etc.

ANNIBAL, à Frédéric.

Oui! oui! fais du sentiment, va! cela te va bien! Un gaillard
qui en est à sa douzième passion depuis le commencement de
l'hiver.

FRÉDÉRIC.

Oui! mais celle-ci est d'une essence tellement supérieure...

ROSETTE.

Velours et soie?

FRÉDÉRIC.

Velours et soie.

ANNIBAL, assis sur la margelle du puits et mangeant.

Une patricienne! Comme si la simple bourgeoise ne possé-
dait pas tout ce qui peut charmer un cœur!... Regarde ces
quatre grisettes, mécréant, et dis-moi si elles ne sont pas aussi
charmantes...

ROSETTE, avec surprise, et remerciant.

Ah! monsieur Annibal...

ANNIBAL, continuant.

Aussi coquettes...

TOUTES.

Hein?

ANNIBAL.

Et aussi fausses que tes patriciennes.

TOUTES;

Ah! mais dites donc, vous!

ANNIBAL, tranquillement.

Imite, ô Frédéric! imite ma sagesse et mes mœurs de vestale! M'as-tu jamais vu acheter à ce sexe frivole un bouquet de violettes d'un sou?

ROSETTE.

Oh! ça, jamais!

ANNIBAL.

Jamais! — As-tu jamais entendu l'une de ces sirènes s'écrier sur mon passage : Dieu! que cet Annibal est beau, qu'il est bien mis, qu'il est charmant!

ROSETTE et VIOLINA.

Jamais!

ANNIBAL.

Jamais! — Qu'est-ce qu'elles disent toutes en me voyant? Voilà cet ours d'Annibal! cet animal d'Annibal!

TOUTES.

Ah! oui!

ANNIBAL.

Est-il assez laid, assez mal mis, assez désagréable!...

LES TROIS FEMMES.

Oui! oui!

ANNIBAL, se levant et brandissant son couteau.

Et voilà le secret de ma force!... L'indépendance en amour! l'indépendance rigoureuse!... c'est elle qui me permet de concentrer sur mon art toute ma volonté, et de créer ces statues admirables, ces bustes merveilleux!... que je ferais certainement, si mes contemporains n'étaient pas si laids!

FRÉDÉRIC.

Tout cela pour dire?

ANNIBAL.

Pour dire!...

(Il prend son élan et saute sur le puits.)

TOUS, criant de peur.

Ah!

MUSARAIGNE.

Oh! la! la! qu'il m'a fait peur! —

ANNIBAL, debout sur la margelle, à Frédéric.

Pour dire que l'amour est fatal aux arts! Que les arts sont un sacerdoce, et que la crinoline est l'éteignoir des grands hommes!

FRÉDÉRIC.

Ah! le fou!... qui parle de ce qu'il ne connaît pas!

ANNIBAL.

Je m'en fais gloire!

FRÉDÉRIC.

Blasphémer l'amour...- Ce rapin... avec son indépendance. Qu'est-ce que tu veux qu'il en sorte, malheureux, de ton indépendance!... tandis que mon amour, mon amour à moi, est encore de l'art!

ANNIBAL, sautant à terre.

De l'art!

FRÉDÉRIC, sautant debout, et nez à nez avec lui.

Oui, de l'art! car chacune de ces passions que tu me reproches est un paysage aux horizons nouveaux, éclairé par la femme que j'aime! — Celle-ci, ardente et brune, était une paysanne de la Campagne de Rome. Je ne l'ai aimée, adorée, qu'au milieu du jour, quand le soleil éblouissant brûle le feuillage et laisse à peine un refuge aux insectes sous l'herbe desséchée!... Autour de son image, gravée là, quels rayons, quelle lumière!... du soleil pour vingt tableaux!... (Il descend, le bras sur l'épaule d'Annibal, qui continue à manger tranquillement.) Cette autre, Anglaise, blonde et vaporeuse, sommeillait tout le jour, mais le soir, elle faisait trois pas languissants sur sa terrasse, que j'escaladais en fredonnant! Comme ces aloès, qui ne fleurissent qu'au clair de lune, notre amour n'était que pâleur et mystère, pas légers, murmures et baisers étouffés... le poëme!... le poëme enchanteur des nuits d'été! — Celle-ci m'a souri au milieu des neiges; son œil était triste et profond comme un glacier; son amour, simple et grand comme les Alpes qui nous entouraient... Cette autre, enfin, c'est au bord de la mer que je l'aimai, au bruissement des vagues, au sifflement du vent. La rafale emportait nos paroles et déchirait nos caresses, comme elle déchira plus tard notre amour; mais ce qui vivra toujours dans cette âme, c'est le souvenir âcre et puissant des harmonies, des senteurs marines, et de deux cœurs agités et ballottés comme les flots! Mes pinceaux!... et tout va revivre!... Et tu veux que je renonce à l'amour!... (Il marche sur Annibal qui fait une retraite comique, puis remonte à sa place en parlant aux femmes.) Ah! pauvre fou, écoute plutôt la loi divine qui te crie : Aimez! aimez toujours! Aimez quand

même! Fallût-il en souffrir... car, dans tous les cœurs où la
femme a passé... il reste à jamais son parfum... la poésie!...

LES FEMMES, applaudissant.

Bravo, Frédéric!

(Elles se lèvent, l'entourent et se disputent à qui l'embrassera.)

ANNIBAL.

Ah! parbleu! voilà tous les jupons enchantés; c'est une ré-
clame!... Mais, qu'est-ce que cela prouve?... (Il vient se mettre à genoux sur le devant du gazon, en tournant le dos au public.) Aimes-en une, si tu
ne peux pas faire autrement. (S'arrêtant pour tendre son verre à Frédéric.)
Donne-moi à boire! (Continuant.) Mais par Pollux!... une seule!...
toujours la même!

FRÉDÉRIC, lui versant à boire.

Merci! C'est comme si tu me disais : « Tu as vu Rome, tu
n'as pas besoin d'aller à Florence. »

ANNIBAL, se retournant et s'asseyant sur le gazon pour boire.

C'est-à-dire que l'amour est un voyage d'agrément!... un
train de plaisir...

FRÉDÉRIC.

Où chaque femme est une station!

MUSARAIGNE, avalant du macaroni.

Jusqu'au mariage, qui est le débarcadère!

FRÉDÉRIC.

Tout juste.

ANNIBAL.

Eh bien! je bois à ta prochaine arrivée, si tu ne sautes
pas!

FRÉDÉRIC, trinquant avec lui.

Et moi, à ton prochain départ!

ANNIBAL.

Jamais!

ROSETTE, debout contre la margelle du puits.

Jamais! Je parie qu'il m'adore dans quinze jours!

ANNIBAL.

Moi!... Pour voir ça je donnerais dix ans (se retournant vers Comète)
de la vie de M. Comète.

ROSETTE.

Qu'est-ce que nous parions?

MUSARAIGNE, l'arrêtant.

Mais je vous défends de parier : a-t-on jamais vu!

3.

ROSETTE.

Silence, tyran! Demandez le dessert; tenez!

ANNIBAL.

Oui! — En musique...

MUSARAIGNE.

Pourquoi pas en musique?.. comme si la musique n'était pas assez éloquente pour se faire comprendre sans paroles.

(On rit.)

ANNIBAL, riant.

Ah! voilà le dada!

MUSARAIGNE, se levant.

Vous riez, galopins! Voulez-vous parier que je demande du fromage à Marcassone sans prononcer un mot, par la seule force de la mélodie?..

FRÉDÉRIC, s'étendant sur le gazon.

Je demande à voir ça!

MUSARAIGNE, se levant.

Quel fromage préférez-vous?

ANNIBAL.

De chèvres!...

(Il s'étend sur le gazon, les jambes en l'air.)

MUSARAIGNE.

Eh bien, attention! — D'abord je l'appelle! (Il chante.) La!... mi!... la!... mi!... la!... mi!...

ANNIBAL.

Viendra!

FRÉDÉRIC.

Viendra pas!

(Musaraigne réitère, même jeu.)

TOUS.

Viendra! viendra pas!

SCÈNE VIII

Les Mêmes, MARCASSONE.

MARCASSONE, accourant et bousculant Musaraigne.

Qu'est-ce qu'il y a?

TOUS.

Ah!

MUSARAIGNE, triomphant.

Voilà déjà un assez joli commencement! Attention là, seigneur Marcassone! Un Italien, il va me comprendre tout de suite! — Nous désirons avoir...

(Il phrase quelques notes; les premières imitant un bêlement de chèvres, les autres, un grelot.)

MARCASSONE.

Plaît-il ?

MUSARAIGNE.

Je dis que je voudrais avoir...

(Il rechante, puis se retourne tranquillement pour s'asseoir.)

MARCASSONE.

Non capisco!

MUSARAIGNE, surpris.

Animal... tu ne comprends pas? Tu n'entends donc pas?

(Il rechante.)

MARCASSONE.

Oh ! *che gusto!* J'y suis !

(Il court à sa maison.)

TOUS, stupéfaits.

Ah !

MUSARAIGNE, s'asseyant triomphalement.

Parbleu! je savais bien !...

MARCASSONE, revenant avec une guitare.

Ecco! ecco! Vous désirez que je vous danse un pas...

TOUS, ravis, riant et battant des mains.

Ah! ah! ah!

MUSARAIGNE, furieux, lui arrachant l'instrument et le poursuivant pour le battre.

Misérable! idiot! *cattiva bestia!*

ANNIBAL et FRÉDÉRIC, s'interposant.

Eh bien! eh bien! Musaraigne !

(Tout le monde se lève et court pour l'arrêter; Marcassone saute par-dessus les assiettes et vient se réfugier à droite de la scène.)

MUSARAIGNE, à Marcassone.

Je te demande du fromage, du fromage de chèvres! Tu n'entends donc pas le fromage, le grelot des chèvres !... *Dinn! dinn! dinn! dinn!*

MARCASSONE.

Eh ! il fallait donc dire du fromage !... J'aurais compris tout de suite !...

MUSARAIGNE.

Laissez-moi l'assommer !

FRÉDÉRIC.

Allons! allons! calme-toi !

ANNIBAL.

Et puisque te voilà armé et que tu veux te venger, chante-lui quelque chose : ta mélodie pastorale, *les bétes aux champs*.

TOUS.

Ah! oui, Musaraigne!

MUSARAIGNE.

Ah! vous y venez enfin, à ma musique!

ANNIBAL.

Oui, pour le punir !

MUSARAIGNE.

Air nouveau de M. Duprato.

Ah! quant'é bella la campagna!
Che delizio di promenar,
E d'escoutar per la montagna
L'asino dolce sospirar...
    Han, hi, han!...

Ma quant'é bella la campagna!
Che delizio di promenar,
E d'escoutar per la montagna
Le coquorico trompetar...
    Coquorico!... etc.

Ma quant'é bella la campagna!
Che delizio di promenar,
E d'escoutar per la montagna
Le fidel cane aboyar:
    Bou, bou, bou, etc.

Ma quant'é bella la campagna
Che delizio di promenar,
E d'escoutar per la montagna
La tendra chatta miaular :
    Miaou, etc.

TOUS.

Ma quant'é bella la campagna!
Che delizio di promenar,
E d'escoutar per la montagna
Tutte le bestié tintamar:
Miaou... bou, bou... coquorico!... hi! han!

(Pendant ce dernier couplet, des paysans sont entrés et les entourent sans être vus.)

SCÈNE IX

Les Mêmes, Paysans.

LES PAYSANS, parlant tous à la fois d'une voix lamentable.

La buona mancia, signori!

(Les rapins et les femmes reculent avec effroi.)

FRÉDÉRIC.

Miséricorde! qu'est-ce que c'est que ça?

MARCASSONE.

Seigneur! ce sont les plus beaux garçons du village que vous avez demandés pour modèles.

FRÉDÉRIC.

Pour modèles! ça!

ROSETTE.

Ce n'est pas possible! Ils sont déguisés! on n'est pas si laid!

LES PAYSANS, de même.

La buona mancia, signori!

FRÉDÉRIC.

Silence donc! sac à papier! Ce n'est pas des gens barbus qu'il me faut; c'est un jeune et joli garçon, bien fait!

COMÈTE.

Un joli garçon! me voilà, moi!

TOUS, riant.

Comète!

LES PAYSANS.

La buona!...

FRÉDÉRIC.

Voulez-vous vous sauver, braillards! Je donne dix francs à celui qui me le trouvera...

MARTHE. (Elle chante dans la coulisse.)

Air napolitain, arrangé par M. Duprato.

Puisqu'il fallait quitter ma Lovizelle,
Elle aurait bien mieux fait d'être cruelle...

ANNIBAL.

Tiens! ce chant!

FRÉDÉRIC.

Chut!

MARTHE, continuant.

(Elle paraît sur le sentier vêtue en petit paysan italien, et portant sur la tête une planche garnie de figures de plâtre.)

Mon pauvre cœur chaque jour se rappelle
Le gai sourire et les yeux de ma belle,
Et le bonheur que j'ai goûté près d'elle.

TOUS.

Bravo !

FRÉDÉRIC.

Par ici, l'enfant ! par ici !

ANNIBAL.

Tiens ! il est timide, l'enfant !

FRÉDÉRIC.

Tant mieux ! ces modèles sont toujours si effrontés ! Par ici, petit ! par ici !

SCÈNE X

LES MÊMES, MARTHE.

ANNIBAL.

Ah ! l'amour ! est-il joli !

FRÉDÉRIC.

Une perle ! (Il tend la main à Marthe pour descendre.) Viens, *caro mio !* viens ! Eh bien, ta main tremble !

MARTHE.

J'ai tant marché !

(Annibal prend sa planche et ses statuettes.)

ROSETTE.

Et par ce soleil ! C'est vrai, le pauvre enfant ! Il doit avoir faim !

MARTHE.

Merci ! à boire seulement.

(Frédéric court lui chercher à boire dans un verre.)

MARTHE.

Le voilà... c'est lui ! Ah ! je ne me ferai pas connaître avant de savoir s'il m'aime encore !

FRÉDÉRIC, apportant le verre et apercevant le visage de Marthe à découvert ; surpris.

Tiens !...

ROSETTE, lui prenant le verre des mains.

Prenez donc garde!

(Frédéric regarde Marthe en cherchant où il a vu ce visage, puis indique d'un geste qu'il n'y attache pas plus d'importance.)

ANNIBAL, regardant les plâtres.

C'est un confrère!

(Il va poser les plâtres devant le puits.)

MARTHE, rendant le verre à Rosette.

Merci, mademoiselle!

ROSETTE.

Est-il joli, cet enfant-là!

MUSARAIGNE, à Rosette.

Dites donc!... est-ce que vous allez déjà?...

ROSETTE.

Ah! laissez-moi donc, vous! C'est toujours la même chose!

FRÉDÉRIC.

Veux-tu te laisser dessiner par moi, chérubin?

MARTHE, vivement.

Oh! oui!

FRÉDÉRIC.

Eh bien, assieds-toi là!

(Il montre le puits.)

MUSARAIGNE.

Et nous, allons voir les cascades!

LES AUTRES.

C'est ça, aux cascades!

LES AUTRES PAYSANS, criant.

Un cicerone, excellences! un cicerone!

ANNIBAL.

Voulez-vous vous sauver, ciceroni!

Reprise de l'air :

Oh! qu'on est bien à Tivoli!

LES PAYSANS, les poursuivant.

Vous faut-il des ciceroni?

TOUS.

Oh! les maudits pifferari!

LES PAYSANS.

Vous faut-il des ciceroni? etc.

(Ils sortent : les rapins se sauvant avec les femmes, les paysans courant après eux.)

SCÈNE XI

FRÉDÉRIC, MARTHE.

MARTHE, à part.

Seule avec lui!...

FRÉDÉRIC.

Assieds-toi sur le puits...

MARTHE, s'appuyant contre la margelle.

Comme ça?

FRÉDÉRIC, assis à droite, sur l'herbe, son album et son crayon à la main.

Oui; le corps un peu plus à droite.

MARTHE.

Comme ça?

FRÉDÉRIC.

Oui! (A lui-même.) C'est curieux! A qui diable ressemble-t-il?

MARTHE, souriant.

Je suis bien maladroit, voyez-vous... je n'ai jamais posé...

FRÉDÉRIC.

Par exemple!... quand il rit ce n'est plus ça du tout!...

MARTHE, à part.

Il pense à moi!

FRÉDÉRIC.

Est-ce que tu es Italien, petit?

MARTHE.

Non, monsieur.

FRÉDÉRIC.

De quel pays?

MARTHE, le regardant.

De Suisse!

FRÉDÉRIC, de même.

Quel endroit?... quel village?

MARTHE.

Ce n'est pas un village, monsieur! Trois maisons perdues dans la montagne!

FRÉDÉRIC.

Mais ce hameau, cette ferme a son nom!

MARTHE.

Dans les neiges, si loin du monde... le monde ne pense pas à vous donner un nom!

FRÉDÉRIC, changeant de ton.

C'est vrai! Allons, la pose, petit, la pose! -
(Il se met à fredonner un air.)

MARTHE, douloureusement.

Ah! voilà tout!

FRÉDÉRIC.

Eh bien, quoi donc? des pleurs! Tu pleures?

MARTHE.

Excusez-moi, monsieur... le souvenir du pays!

FRÉDÉRIC, vivement.

Oh!... ne bouge pas! c'est admirable! l'attitude, les larmes :
quelle étude! Pleure, petit, pleure! tu es superbe!

MARTHE, à part.

Oh! c'est fini... il ne pense plus à moi!... il en aime une
autre! Une de ces femmes qui étaient là, peut-être...

FRÉDÉRIC, dessinant.

Bon! plus de larmes! Ah! par exemple, il a une mobilité
d'expression!... c'est inouï, ces lignes du cou! Sais-tu que tu
serais très-joli en femme, chérubin, et qu'on s'y tromperait!

MARTHE.

Oh! pas si joli que celles qui étaient là tout à l'heure!

FRÉDÉRIC.

Qui!... cette sauterelle d'Angélique?

MARTHE.

Celle qui m'a donné à boire!

FRÉDÉRIC.

Rosette! Ah! ah! elle t'a déjà charmé, la coquette!

MARTHE, le regardant attentivement et penchée vers lui.

Elle est bien faite pour être aimée!

FRÉDÉRIC, riant.

Allons donc! Est-ce qu'on aime ces poupées-là!

MARTHE, joyeuse.

Ah!
(Elle tombe à genoux sur le gazon, près de ses plâtres.)

FRÉDÉRIC, taillant son crayon.

De petites sottes qui ne pensent qu'à leurs chiffons!... c'est
ignorant et vaniteux... Tiens, qu'est-ce que je lui raconte, moi,
à ce petit... il ne me comprend pas... Tu ne me comprends
pas, n'est-ce pas?

MARTHE.

Oh! si fait! vous les trouvez trop légères, trop frivoles!

FRÉDÉRIC.

Trop frivoles! Il parle français mieux que moi! Eh bien, oui, *carissimo*, elles sont trop frivoles, tu l'as dit, et pour aimer une femme, si je faisais la folie d'aimer sérieusement!...

MARTHE.

Ah! vous n'avez jamais aimé?

FRÉDÉRIC.

Sérieusement... jamais!...

MARTHE, retombant avec tristesse; bas.

Jamais!...

FRÉDÉRIC.

Allons bon, le voilà à genoux! (Marthe fait vivement le geste d'arranger ses plâtres.) Laisse donc là tes plâtres. La pose! (Marthe va pour se relever et n'a plus qu'un genou à terre. — Vivement.) Non, reste! c'est charmant!... ah! c'est charmant! (Il prend une feuille blanche et dessine.) Qu'est-ce que je disais donc?

MARTHE.

Vous parliez de celle que vous aimeriez!

FRÉDÉRIC.

Ah! oui. Il est unique, ce petit! Une intelligence!... Sais-tu que je t'en dis plus en un quart d'heure que je n'en ai conté à mes amis pendant des années!

MARTHE.

C'est peut-être parce que je vous comprends, et qu'ils ne ne vous comprendraient pas!...

FRÉDÉRIC.

Ah! parbleu! viens que je t'embrasse pour ce mot-là!

MARTHE.

Non!... non! je ne retrouverais plus la pose!

FRÉDÉRIC, lentement, tout en dessinant.

C'est vrai!... Eh bien, mon petit philosophe, la vérité, la voici, et c'est peut-être le secret de mon inconstance. Un artiste, vois-tu, est toujours artiste avant d'être homme!... (Cherchant.) Où diable ai-je donc mis ma gomme?... Notre art est notre premier amour, et notre maîtresse n'a que le choix de doubler l'emploi ou de s'identifier si bien à nos pensées, d'épouser si étroitement nos rêves, nos désirs, nos angoisses, et jusqu'à nos folies, que la femme et l'art se confondent à nos yeux et ne soient plus qu'un seul et même amour! (Cessant de dessiner, et avec plus de chaleur.) Alors, oh! alors! oui, cette passion est immense, profonde, sublime; c'est le culte de Dante pour Béatrix, de Pétrarque pour Laure, de Michel-Ange pour Victoria Colonna; c'est la double adoration de la femme et de la muse inspiratrice. Un amour qui tient à la fois de la terre et du ciel!... et qui nous donne le génie, la force et la bonté... qui vaut peut-être mieux que tout le reste!

MARTHE.

Oh! oui!

FRÉDÉRIC, souriant.

Mais, pour le coup... je suis bien sûr que tu ne me comprends pas!...

MARTHE.

Oh! si, je comprends! Voilà ce qu'il faudrait être!

FRÉDÉRIC, continuant.

Et c'est ce qu'on ne trouve nulle part!

MARTHE.

Ah! si vous vouliez, pourtant...

FRÉDÉRIC.

Ah! oui... — Bah! ce serait peut-être ennuyeux! C'est fini pour toi!

MARTHE.

Déjà?

FRÉDÉRIC.

Déjà!... un modèle! Oh! celui-là vaut de l'or!...

MARTHE, troublée.

C'est que j'avais tant de plaisir... j'étais si heureux!... j'aime tant le dessin!...

FRÉDÉRIC, donnant le dernier coup de crayon.

Tu aimes le dessin!... Parbleu! une idée!... Veux-tu laisser là tes plâtres, l'Amour... et venir avec moi?

MARTHE, se relevant, avec élan.

Avec vous!

FRÉDÉRIC.

Chez moi!

MARTHE, un peu effarouchée.

Chez vous!

FRÉDÉRIC.

C'est-à-dire dans mon grenier, vu l'exiguïté du logement, nourri, blanchi, éclairé, chauffé, et je t'apprends à peindre par-dessus le marché, mon petit Giotto! — Veux-tu?

MARTHE, émue.

Si je... veux... si je... (A part, avec passion.) Ah! près de lui!... chez lui! (Haut.) Ah! oui... je le veux!

FRÉDÉRIC, se levant.

C'est dit!

MARTHE.

C'est dit!

FRÉDÉRIC.

Eh bien, au diable les plâtras!

(Il court à la planchette.)

MARTHE.

Au diable les plâtras!

FRÉDÉRIC.

Mais veux-tu m'aider?

(Il jette des plâtres dans le puits.)

MARTHE, faisant comme lui.

Oui! oui!

SCÈNE XII

LES MÊMES, ANNIBAL, MUSARAIGNE, ROSETTE, COMÈTE, ANGELIQUE, VIOLINA.

ANNIBAL, entrant.

Mais on prévient les amis, au moins!... J'en suis, moi...

(Il jette une statuette dans le puits.)

MUSARAIGNE, de même.

Et moi donc!

COMÈTE, de même.

Et moi!

ROSETTE, ANGÉLIQUE, VIOLINA, de même.

Et moi!

ANNIBAL, cassant le dernier plâtre.

De la sculpture!... c'est ma partie; allez donc!

FRÉDÉRIC, jetant la planche.

C'est tout!

ANNIBAL.

Ah çà, maintenant que tout est cassé, quel est le sens de cette fureur iconoclaste?

FRÉDÉRIC.

Messieurs, je vous présente un futur confrère!

TOUS.

Le petit!

FRÉDÉRIC.

Le petit qui se fera grand, Dieu aidant.

MUSARAIGNE.

Tiens! cette idée!...

ROSETTE.

Ah! tant mieux!

FRÉDÉRIC.

Jeune enfant, désormais mon disciple et notre ami, quel est ton nom?

MARTHE.

Antoine.

FRÉDÉRIC.

Eh bien, Antoine, tu répondras en peinture au nom de Piccolino que je te donne! car, tu seras notre Piccolino, c'est-à-dire notre cher petit... notre cher enfant, notre enfant gâté! Vive Piccolino!

TOUS.

Vive Piccolino!

ANNIBAL, posant la main sur la tête de Marthe.

Le moment est venu, je crois, de prononcer quelques paroles bien senties : Jeune homme! Le ciel pouvait te donner une marque de haute sympathie en te faisant garçon limonadier ou concierge, et ta vie n'eût été qu'une longue suite de béatitudes; mais puisqu'un astre malin te destine à ramer sur cette flotte de galériens qui s'appelle les beaux-arts,... écoute les conseils d'un homme d'âge, ô mon fils! — Si tu veux que ta peinture ait quelques succès et te permette de dîner à peu près tous les deux jours, préoccupe-toi d'abord de la beauté du cadre; en second lieu, fais toujours le même tableau, ce qui est la seule manière de passer pour excessivement original!... Et troisièmement, arrange-toi pour mourir le plus vite possible! Auquel cas, on ne peut manquer de te trouver du génie, et d'acheter tes œuvres au poids de l'or!... les amateurs saisissant avec empressement, pour encourager les artistes, le moment où ils ne peuvent plus rien faire! — Grave ces conseils dans ton cœur, ô mon fils, et permets-moi de t'embrasser en versant un pleur sur le guignon qui te jette parmi nous!

(Il l'embrasse.)

MUSARAIGNE, s'apprêtant à chanter.

Il me semble que par là-dessus une petite mélodie...

TOUS.

Oh! non, pas de musique!

MUSARAIGNE, insistant.

Une symphonie qui exprimerait...

TOUS.

Assez! assez!

MUSARAIGNE.

Sauvages!

(Il embrasse Marthe.)

ROSETTE.

Et moi?

MUSARAIGNE, voulant s'y opposer.

Hein!

ROSETTE, le faisant pirouetter.

Allons donc, vous!

(Elle embrasse Piccolino.)

ANGÉLIQUE et VIOLINA, de même.

Et moi? et moi?

FRÉDÉRIC.

Et moi donc! (Il va pour embrasser Marthe, qui chancelle.) Eh bien! eh bien! qu'est-ce qu'il a?

MARTHE.

Rien! la joie!

ANNIBAL.

Il est fatigué, cet enfant.

MUSARAIGNE.

C'est le moment... une petite mélodie...

TOUS.

Oh! non!

ANNIBAL.

Mais tu veux donc l'achever! (Appelant.) Comète! monsieur Comète et son coursier!

FRÉDÉRIC.

C'est cela! et nous le ramènerons en triomphe.

(Ritournelle du final. — Frédéric remonte la scène. Marthe ramasse sans être vue le gant d'Eléna que Frédéric a laissé tomber.)

MARTHE, à part.

Un gant!... un gant de femme!... ah! je saurai...

SCÈNE XIII

Les Mêmes, MARCASSONE, Paysans, Pifferari.

MUSARAIGNE et FRÉDÉRIC, tenant la bride de l'âne.

Allons, Piccolino!

MARTHE, gaiement.

Voilà! voilà!

(Elle monte sur l'âne.)

COMÈTE, sur l'avant-scène, à Annibal, qui lui apporte les paniers où l'on a replacé toute la vaisselle.

Eh bien! et les paniers! est-ce qu'il ne va pas m'aider, le nouveau?

ANNIBAL, le chargeant.

Allons donc! monsieur Comète, c'est un rapin, le nouveau, tandis que vous êtes un amateur, vous!

COMÈTE, pliant sous les paniers.

Alors, c'est comme amateur que vous me faites porter?...

ANNIBAL, le poussant.

Parbleu! En route!

TOUS.

En route!

CHŒUR.

Air de M. Duprato.

Au son des musettes,
Mêlant vos chansons,
Sautez! les fillettes,
Sautez! les garçons!

Chantons à tue-tête,
Que partout l'écho
Avec nous répète:
C'est Piccolino!...

Un pifferare chante une *orazione* tandis qu'un autre l'accompagne avec la *zampogna*, puis le chœur reprend et tous les rapins se mettent en marche, Piccolino en tête monté sur l'âne conduit par Comète; puis Annibal avec le parasol, et enfin les rapins deux par deux, agitant des branches de feuillage, sautant et chantant:

Au son des musettes, etc.

Des petites filles armées de tambourins dansent sur le devant de la scène, tandis que le cortége défile sur le chemin: il s'arrête pour les regarder. La musique de l'orchestre se mêle à celle des pifferari. Les paysans se mettent à chanter; l'ivresse gagne tout le monde; les danseurs précipitent leurs mouvements; les chanteurs redoublent de verve, tout le monde s'en mêle et la toile tombe sur ce tableau.

FIN DU DEUXIÈME ACTE

ACTE TROISIÈME

L'atelier de Frédéric. — A gauche, au fond, pan coupé : la porte d'entrée. — A droite, pan coupé : large fenêtre sur la rue. — A gauche, 1er plan, porte de la chambre de Frédéric. — 2e plan, une table : devant, le chevalet de Frédéric. — A droite, 1er plan, la table de Piccolino avec ses couleurs et tout ce qu'il faut pour peindre à l'aquarelle. — 2e plan, la porte de sa chambre. — Entre cette porte et la fenêtre, le chevalet de Comète. — Devant la fenêtre, un divan sur lequel il faut monter pour regarder dans la rue, car la fenêtre est très-haute. — Au fond de la scène, une table sur laquelle est un support et une statuette de plâtre. — Autour de cette table sont les siéges et les cartons des rapins qui font la bosse. — De tous côtés armes, toiles, objets de curiosité, etc. Tout le mobilier d'un atelier.

SCÈNE PREMIÈRE

ANNÎBAL, COMÈTE, VALENTIN, PLUSIEURS RAPINS, groupés autour d'une toile de Comète posée sur une chaise.

CHŒUR.
Air de Fortunio : *Notre patron,* etc.

ANNIBAL.
Vive Comète ! artiste original,
Sans rival !

TOUS.
Sans rival !

ANNIBAL.
Il est vraiment, comme paysagiste,
Sans égal !

TOUS.
Sans égal !

ANNIBAL.
Avez-vous jamais vu pareil artiste ?
Quel tableau !

TOUS levant les mains avec admiration.
Quel tableau !

ANNIBAL.
Avez-vous jamais vu plus beau morceau ?
Que c'est beau !

TOUS, même jeu.
Que c'est beau ! (Cinq fois.)

ANNIBAL, s'asseyant et prenant la toile sur ses genoux.

La peste !... Monsieur Comète !... vous avez fait cela tout seul ?

COMÈTE.

Tout seul !... pour l'offrir à madame Comète le jour de sa fête.

ANNIBAL.

J'allais vous le conseiller ! — Et cela représente ?...

COMÈTE.

Vous ne reconnaissez pas l'endroit ?... c'est Tivoli et notre déjeuner sur l'herbe, l'année dernière... vous savez bien, quand nous avons ramené Piccolino sur un âne !

ANNIBAL.

Ah ! très-bien... voici l'âne !

COMÈTE.

Eh non ! c'est mademoiselle Rosette !

(Rires des rapins.)

ANNIBAL, se levant et donnant la toile à Valentin.

Ah ! très-bien !... très-bien !... Un joli talent tout de même, ce Comète !... pas comme peintre ! Oh ! comme peintre !... non ! mais comme amateur !... (S'arrêtant devant la toile de Frédéric.) Ah ! ah ! voici de la peinture, cette fois !

COMÈTE.

C'est le tableau du maître !

ANNIBAL.

De Frédéric !

COMÈTE.

Cléopâtre attendant la visite d'Octave.

ANNIBAL, passant le doigt sur la toile.

Il y a bien longtemps qu'elle l'attend ; elle est pleine de poussière.

COMÈTE.

Ah ! dame, le maître ne travaille qu'à ses heures. (Cris au dehors.) Qu'est-ce que c'est que ça !

VALENTIN.

(Il monte sur le divan et regarde dehors.)

Ce sont des masques !

ANNIBAL.

Tiens ! c'est vrai ! nous sommes en carnaval !...

(Les cris redoublent.)

4

VALENTIN, à la fenêtre.

.Ah! venez donc voir! ils poursuivent quelqu'un!

(Ils montent tous sur le divan.)

COMÈTE.

Eh! c'est Musaraigne!...

(Les cris redoublent au dehors.)

SCÈNE II

LES MÊMES, MUSARAIGNE, tout blanc de farine.

MUSARAIGNE.

.Oh! je n'en puis plus!

TOUS, éclatant de rire à sa vue.

Ah! ah! ah!

MUSARAIGNE*.

Oui!... hein!... suis-je fait! Au détour du Corso, j'ai rencontré une voiture de masques menée par un grand diable déguisé en ophicléide... quelque musicien jaloux de moi! — Ils se sont tous mis à me cribler de leurs bonbons de plâtre en braillant *Musaragno! Musaragno!*... En voilà un carnaval absurde... Parlez-moi de celui de Paris... au moins il n'y a jamais de masques!

(Les rapins retournent à leur ouvrage et vont s'asseoir autour de la statuette; Comète seul écoute ce qui suit avec une certaine inquiétude.)

ANNIBAL, le brossant.

Et Rosette? où est Rosette?

MUSARAIGNE.

Ah! Rosette! (A Annibal seul.) Ne m'en parle pas! c'est une perfide... une ingrate qui me trompe!

ANNIBAL.

Ah! bah! Rosette nous... te trompe!...

MUSARAIGNE, lisant une lettre.

Tiens! ce que j'ai trouvé dans sa chambre, lis!

(Ici Comète paraît très-inquiet et traverse de droite à gauche.)

ANNIBAL, lisant.

« Voici ce que j'ai fait pour toi, mon ange! » Ce qu'il a fait? Qu'est-ce qu'il a fait?

* Les rapins au fond, Annibal, Musaraigne, Comète un peu plus haut.

MUSARAIGNE, montrant un médaillon.

Un portrait! Donc c'est un peintre!... Est-ce que tu connais cette tête-là, toi?

ANNIBAL, regardant le médaillon et le retournant, après un silence.

D'abord, est-ce une tête?

MUSARAIGNE.

Je vais voir!

(Il prend le médaillon et remonte en regardant sous le nez de chaque rapin pour comparer au médaillon.)

COMÈTE, bas à Annibal.

Chut!

ANNIBAL, allant à lui, à gauche.

C'est affreux! — Ah! si vous voyiez ce qu'il me montre là!...

COMÈTE.

C'est moi!...

ANNIBAL.

Bah! vous? Votre portrait?

COMÈTE.

Oui! que j'ai donné à Rosette.

ANNIBAL, tragiquement.

Malheureux!... vous!... son ami!... Ah! ah! ah!

(Il revient à droite.)

COMÈTE, le suivant.

Ah! ce n'est pas comme ami, M. Annibal, c'est comme amateur!

ANNIBAL.

Ah! si c'est comme amateur!...

COMÈTE.

Et si vous saviez comme Rosette m'aime!... ah! vous partageriez mon bonheur!...

ANNIBAL, lui serrant la main.

Mais je le partage!... je le partage!

COMÈTE.

Elle m'a demandé mon portrait pour avoir toujours mon image avec elle... Que vous dirai-je! je n'ai pas su le lui refuser...

(Musaraigne redescend lentement en regardant le médaillon.)

ANNIBAL. (Il le fait brusquement passer à gauche.)

A qui le dites-vous! Mais, malheureux, si Musaraigne le reconnaît, ce portrait? il va se passer ici des choses!...

COMÈTE*.

Oh! impossible! j'ai eu soin de ne pas le faire ressemblant!...

(Il remonte à son chevalet.)

* Musaraigne, Annibal, Comète.

MUSARAIGNE, regardant son médaillon, à part.

Personne !... Serait-ce un paysage ?...

(Cris dehors.

ANNIBAL.

Allez donc !... S'amusent-ils, les fripons, s'amusent-ils ?

SCÈNE III

LES MÊMES, FRÉDÉRIC.

(Il sort de sa chambre avec un costume de pierrot italien sur le bras.)

ANNIBAL.

Frédéric !

FRÉDÉRIC, à mi-voix.

Chut ! Piccolino n'est pas là ?

TOUS.

Non !

COMÈTE.

Il est descendu commander notre dîner chez maman
Lucrezia !

FRÉDÉRIC, s'avançant.

Bon ! (A Annibal.) Aide-moi, vite !

MUSARAIGNE.

Ah çà ! tu vas courir les rues en pierrot, toi ?

FRÉDÉRIC, assis et passant le pantalon de pierrot.

Ah ! mon cher ! une aventure délicieuse ! une femme adorable, une Napolitaine qui demeure à deux pas, avec son mari.
Je grimpe sur la première voiture de masques, et en passant
sous son balcon je lui glisse ce billet au nez du jaloux ! Ce
sera charmant ! charmant ! (Il prend le reste du costume des mains d'Annibal.
Arrangeant sa collerette.) Vite ! vite ! Piccolino n'aurait qu'à rentrer !

ANNIBAL.

Eh bien ! quand il rentrerait !

FRÉDÉRIC, se regardant dans une petite glace que tient Musaraigne.

Aïe ! povero !... Il me ferait une jolie scène !... Moi qui lui ai
promis de ne pas sortir aujourd'hui et de travailler comme un
nègre !

MUSARAIGNE, surpris.

Tu lui as promis ?...

FRÉDÉRIC.

Parbleu!... Est-ce qu'il ne faut pas toujours faire ses volontés, à ce gamin-là? Il a une manière à lui d'allier l'ironie à la douceur, la câlinerie à la menace et la bouderie au dévouement. Je ne sais pas lui résister... moi! Ce sont de petites façons de chat, moitié caresses, moitié coups de pattes! c'est si gentil, si doux, si tendre, si bon, si féminin!... Quelle drôle de chose que cet enfant-là s'appelle Piccolino et ne s'appelle pas Piccolina!...

ANNIBAL.

Il est trop tard !

FRÉDÉRIC, effrayé et se cachant derrière lui.

Le voilà !

ANNIBAL.

Mais non!... a-t-il peur?

FRÉDÉRIC.

C'est qu'il inventerait quelque chose pour m'empêcher d'aller là-bas! Il m'a déjà fait manquer l'autre jour la plus jolie conquête!...

MUSARAIGNE.

Une conquête! Qui donc?

FRÉDÉRIC, continuant à se costumer.

Mistress Everley!... J'en étais fou! Une femme adorable! jolie, jeune, et des épaules!... Ne va-t-il pas s'aviser, ce petit diable-là, de me dire qu'elle est bossue!... Je me mets en colère, il se moque de moi!... Je cours chez elle pour m'assurer du fait, vous savez ce que c'est : la peur de la trouver contrefaite ne me fait voir que bosses de tous les côtés! Je reviens convaincu qu'elle l'est comme Polichinelle, et grâce à ce petit polisson-là, je n'ai plus cherché à m'en assurer!

MUSARAIGNE.

Ce n'est pas un ami! c'est un pion!

FRÉDÉRIC.

Et les lettres d'amour interceptées!... et les rendez-vous qu'il me fait manquer en retardant ma pendule... ou en fermant ma porte sur moi à double tour! Enfin croiriez-vous... (Il regarde l'heure.) Ah! sapristi! Déjà!... je me sauve par mon petit escalier... attendez-moi cinq minutes! Je reviens dans une heure!

(Il sort par la gauche.)

4.

SCÈNE IV

Les Mêmes, moins FRÉDÉRIC.

ANNIBAL., allant s'asseoir à droite sur la chaise de Piccolino.

Quel fou!... avec son déguisement!...

MUSARAIGNE.

Ah! sac à papier!... à propos de déguisement!... mes enfants, je vais vous lire...

TOUS, effrayés et prêts à se sauver.

De la musique!

MUSARAIGNE.

Non!... une invitation!...

TOUS. (Soupir de soulagement.)

Ah!

MUSARAIGNE, lisant.

« M. le marquis Della Robbia prie M. Frédéric Davril et tous les artistes de son atelier de vouloir bien assister à la soirée qu'il donnera en son hôtel... mardi, 23 courant... On ne sera reçu qu'en costume. »

ANNIBAL.

Naturellement.

MUSARAIGNE.

Sur quoi, messieurs, je vais vous faire une ouverture!

TOUS, se levant armés de tout ce qui leur tombe sous la main, et se mettant sur la défensive.

De la musique!

MUSARAIGNE.

Eh non!... double croche!... Sont-ils ennuyeux avec cette scie-là!... Ont-ils peur de ma musique!

ANNIBAL, debout sur la chaise.

Ah! c'est qu'on y a été pris!

MUSARAIGNE.

Une ouverture!... c'est-à-dire une proposition; je propose d'organiser à nous tous un quadrille historique, artistique, archéologique!

VALENTIN.

Faut nous mettre en Turcs!

TOUS, réclamant.

Oh! non!

COMÈTE.

Moi! je préférerais quelque chose de plus neuf, qui ne fût pas usé du tout! du tout! par exemple, en bébés!

TOUS.

Oh! non!

ANNIBAL.

Mes enfants, écoutez la parole d'un vieillard. Ne vous mettez pas en Turcs, en pierrots, ni en bébés; vous me feriez mourir de chagrin... costumez-vous en Grecs ou en Romains.

MUSARAIGNE.

Comme à l'Odéon.

ANNIBAL.

Peut-être! peut-être! comme à l'Odéon! Pourvu que vous me montriez vos biceps et vos mollets. (Ils se regardent tous comiquement.) Que je puisse une fois dans ma vie me croire à Athènes, en rassasiant ma vue de ces belles formes humaines! — Ah! mes enfants! Une blanche tunique! Un casque au panache ondoyant et un bouclier, en faut-il plus pour charmer le cœur des femmes!...

COMÈTE.

Alors, c'est dit : en Grecs!

TOUS.

On se mettra en Grecs!

(Ils reprennent tous leur place pour travailler.)

UN MASQUE, paraissant lentement à la fenêtre.

Ah!... in Greci!. .

(Stupeur des rapins, qui le regardent sans bouger.)

UN DEUXIÈME MASQUE, paraissant de la même manière et parlant sur un ton tout différent.

Ah! Brigataccia!

UN TROISIÈME MASQUE, même jeu, à Comète.

Ah! che testa!...

(Un quatrième surgit plus haut que le premier, coiffé d'un haut bonnet de magicien; puis il en paraît de tous les côtés.)

ANNIBAL.

Veux-tu cacher ton museau!...

LES MASQUES, railleurs.

Oh!

ANNIBAL.

Bestia in maschera!

LES MASQUES, de même.

Ah!

MUSARAIGNE.

Brutta! brutta!

PREMIER MASQUE, en musiqee.

Musiccachio!

MUSARAIGNE, de même.

Cochonacchio!

LES MASQUES, s'échauffant.

Ah! pittori da scabelli!... Birbanti!

ANNIBAL.

Ah! cretino! vedete che naso!...

LES MASQUES.

Che tromba!...

(Les rapins se lèvent et s'échauffent   leur tour

UN RAPIN.

Idioti!

LES MASQUES.

Canaglia!

COMÈTE.

Voyouti!

LES MASQUES.

Maledetti!

LES RAPINS.

Muffli!

LES MASQUES.

Briconi!

LES RAPINS.

Pignouffi!

LES MASQUES.

Briaconi !

MUSARAIGNE.

A la ch...

ANNIBAL, lui fermant la bouche.

Chut !

PREMIER MASQUE.

Battaglia! Ecco qui!

(Il lance des onfetti.)

DEUXIÈME MASQUE. (Même jeu.)

Ecco là!

LES MASQUES, les criblant de dragées de plâtre en criant tout le temps.

Battaglia!

LES RAPINS, se cachant derrière les toiles.

A l'aide !

MUSARAIGNE.

Merci ! Je me sauve !

ANNIBAL, l'arrêtant.

Te sauver !

LES MASQUES, même jeu.

Encora ! encora ?

ANNIBAL, se sauvant derrière Musaraigne.

Sauve qui peut !...

LES RAPINS, effarés.

Sauve qui peut !...

SCÈNE V

COMÈTE, Rapins, MARTHE, en rapin.

MARTHE, entrant par le fond, un sac de confetti à la main.

Eh ! non, lâches que vous êtes !... en avant !...

LES RAPINS.

Des armes !

MARTHE, ouvrant son sac.

En voilà !

LES MASQUES.

A bas les peintres !

MARTHE.

Feu !

CHŒUR des rapins et des masques se criblant de dragées de plâtre et d'œufs
pleins de farine. — Musique de M. Duprato.

Vous voulez qu'on vous rosse : Vli ! vlan !
Pardieu, vous en aurez ! Pin ! pan !
Tiens, voilà pour ta bosse ! Vli ! vlan !
Et voilà pour ton nez ! Pin ! Pan !

(Les rapins finissent par sauter sur le divan ; les masques vaincus dispa-
raissent de la fenêtre en criant.)

LES RAPINS redescendent tout blancs de farine.

Victoire !

MARTHE.

Il était temps !... plus de cartouches !...

COMÈTE, montrant son tableau qui est tout blanchi.

Ah !...

LES RAPINS, avec un désespoir comique, l'imitant.

Ah!

(Un bouquet est jeté de la rue.)

VALENTIN.

Tiens! voilà des munitions d'un autre genre!... à l'adresse du patron!

MARTHE, saisissant le bouquet.

Pardon!... à la mienne!

TOUS.

Pour toi?

VALENTIN.

La preuve?

MARTHE.

La preuve!... ce gant au milieu des fleurs!

COMÈTE.

Eh bien!

MARTHE, tirant le gant d'Éléna.

Et le pareil sur mon cœur!

PREMIER RAPIN.

C'est vrai!

COMÈTE.

Ah! Piccolino qui a des intrigues!...

MARTHE.

Tiens! est-ce qu'on n'est pas joli, donc! (Un garçon restaurateur paraît au fond.) Allons!... messieurs, le dîner vous attend...

ANNIBAL.

A table!

LES RAPINS.

A table!

(Ils sortent à la file, en marquant le pas et en chantant cette scie en canon, qui imite le coassement de la grenouille : *Le roi! Le roi!... est allé! est allé!... où! où!... à Rognac! à Rognac!*)

SCÈNE VI

MARTHE, seule; elle compare les gants.

Un gant de femme! — C'est bien le même! c'est le même! — Je le gardais là, ce gant; un pressentiment me disait que je verrais l'autre... Mais qui est-elle donc, cette femme que je n'ai jamais vue? Où est-elle? Qu'elle vienne donc... que je la voie!...

SCÈNE VII

MARTHE, ÉLÉNA, masquée.

ÉLÉNA, entrant avec précaution, puis ôtant son masque.

J'ai perdu ma gouvernante dans la foule, et avec ce masque!...

MARTHE, apercevant Eléna [*].

Une femme!

ÉLÉNA, regardant autour d'elle avec inquiétude.

Pardon!... monsieur Frédéric n'est pas là?

MARTHE.

(Bas.) Si c'était!... (Haut.) Non, madame ou mademoiselle! il n'est pas là!

ÉLÉNA.

Et savez-vous, monsieur, s'il rentrera bientôt?

MARTHE, en rapin.

Oh! quand le patron est sorti, madame... on ne sait jamais à quelle heure il rentre. (A part.) Oh! je vais bien savoir si c'est elle!

(Elle prend le bouquet d'Eléna et le place dans un vase comme pour le peindre.)

ÉLÉNA, à part.

Mon bouquet!

MARTHE, à part.

Elle a tressailli! (Haut.) Vous permettez que je continue?

(Elle s'assied.)

ÉLÉNA.

Comment donc, monsieur...

(Marthe laisse tomber le gant comme par mégarde.)

ÉLÉNA, à part.

Mon gant!...

(Elle fait un mouvement pour le ramasser.)

MARTHE, la prévenant et ramassant le gant.

Pardon! (A part.) C'est elle!... (Eléna, embarrassée, s'éloigne.) Ah! c'est elle!...

ÉLÉNA, à part.

Il n'a pas reçu le bouquet ni le gant!... Il faut que je le voie! (Haut.) Je l'attendrai!

(Elle s'assied à gauche.)

[*] Eléna, Marthe.

MARTHE, à part, faisant semblant de peindre.

Oh! non, tu ne l'attendras pas!... (Haut.) Du reste, je puis remplacer le maître, et je vois bien ce qui amène madame!

ÉLÉNA.

Ah!

MARTHE.

Une dame ou une demoiselle qui vient chez un peintre... seul... mystérieusement... ne peut être amenée que par l'amour...

ÉLÉNA.

Monsieur...

MARTHE.

Des arts, et le désir de faire faire son portrait en cachette!

ÉLÉNA.

Oui, précisément, je voulais...

MARTHE.

C'est évident! — Nous ne voyons ici que cela toute la journée.

ÉLÉNA.

Ah! des femmes?...

MARTHE.

Qui viennent se faire peindre : les unes en payant... les autres pour être payées! Je n'ai pas besoin de demander pourquoi madame est ici.

ÉLÉNA, avec hauteur, se levant.

Mais en effet, je vous trouve bien osé!...

MARTHE, à part.

Tu partiras! (Haut. — Se retournant et s'accoudant sur le dossier de sa chaise.) Aussi, pour ne pas vous faire attendre inutilement le patron!... Voyez-vous, mademoiselle, vous avez les cheveux mal plantés... le regard indécis... le front plat... une tournure guindée... Enfin, vous êtes mal attachée, ma chère, vous ne faites pas notre affaire.

ÉLÉNA, se levant.

Mais, monsieur...

MARTHE.

Ah! je sais bien, parbleu! vous allez me dire : Vous ne m'avez vu qu'habillée... mais je n'ai qu'à regarder ce poignet-là, tenez!... et cette cheville; et, entre nous, vous êtes diablement mal faite, ma mignonne! on a dû vous le dire.

ÉLÉNA.

Monsieur, tant d'insolence !... A qui croyez-vous donc parler ?

MARTHE, d'un ton naïf.

A un modèle !

ÉLÉNA.

Moi ?

MARTHE, se levant avec une fausse déférence.

Tiens ! vous n'êtes pas un modèle de beauté ! Ah ! pardon !
pardon ! pardon !... alors vous n'êtes pas non plus un modèle de
vertu, mademoiselle ; car une demoiselle qui vient toute seule,
sous le masque, voir un jeune peintre... Ah ! diable ! excusez !
Comment vous êtes faite !... ce n'est plus mon affaire, c'est celle
du patron !

ÉLÉNA, remettant son masque.

Oh !

MARTHE, bas.

Oh ! tu partiras !

ÉLÉNA.

Monsieur, je vous ordonne d'aller m'ouvrir cette porte !

MARTHE, courant à la porte.

Comment donc, mademoiselle !... avec empressement !...

ÉLÉNA.

Ah ! quelle leçon !

(Elle sort.)

MARTHE, fermant la porte en triomphant.

Et tu n'y reviendras pas !... Il était temps... C'est lui !

SCÈNE VIII

FRÉDÉRIC, MARTHE.

FRÉDÉRIC. Il rentre par la gauche, en pierrot, et chantonnant.

C'est fait !... c'est fait !... c'est... (Apercevant Piccolino.) Ahi ! — Je
suis pris !

MARTHE*.

Tiens ! tiens ! tiens ! le patron en pierrot !

* Marthe, Frédéric.

5

FRÉDÉRIC, embarrassé.

Oui, j'avais à sortir... et dans la rue... tu comprends, pour ne pas être taquiné par tous ces imbéciles qui se masquent...

MARTHE.

Vous avez fait comme eux !

FRÉDÉRIC.

Voilà !... j'ai fait comme eux !

MARTHE, allant s'asseoir.

Je croyais que vous ne deviez pas sortir de la journée, et que c'était aujourd'hui qu'on se livrait au travail avec acharnement ?

FRÉDÉRIC, au fond, assis sur le divan, et se débarrassant du costume.

Mais certainement !... Mais ne m'en parle pas : c'est une fatalité ; je m'étais mis à l'ouvrage et je travaillais !... je travaillais !... quand tout à coup je me suis aperçu qu'il me manquait du carmin... pour les lèvres de Cléopâtre... Une Cléopâtre sans lèvres... tu comprends... elle n'est plus bonne à rien !... Je suis sorti pour aller acheter...

MARTHE, vivement.

Du carmin ! Quelle chance ! moi qui en ai besoin !... Passez-moi donc la vessie !...

FRÉDÉRIC, embarrassé.

La vessie ?...

MARTHE.

Oui ! celle que vous avez achetée...

FRÉDÉRIC.

Mais voilà le guignon ! je ne t'ai pas tout dit !... certainement je l'avais achetée... je revenais même en la tenant à la main, quand un animal de masque saute dessus, me l'arrache et se barbouille la figure avec !... Est-ce croyable, ces choses-là ?

MARTHE, se levant.

Non ! ce n'est pas croyable !

FRÉDÉRIC.

Oh ! je suis contrarié !...

MARTHE.

Voilà une journée perdue, tenez !

FRÉDÉRIC, allant et venant. — Avec un faux dépit.

C'est une journée perdue !

MARTHE.

Et je vous demande un peu, quand on est bien en train...

FRÉDÉRIC, appuyant.

Oui... justement!... quand...

MARTHE.

Quand la peinture est toute fraîche!...

(Elle passe la main sur la toile de Frédéric, et souffle la poussière.)

FRÉDÉRIC.

Toute fr...

(Il se retourne, voit le geste, et n'achève pas.)

MARTHE, faisant pirouetter la chaise que vient de quitter Eléna.

C'était bien la peine de se déguiser pour sortir !

FRÉDÉRIC.

Oui! c'était bien la peine!...

MARTHE, un genou sur la chaise, appuyée sur le dossier, comme sur une chaire.

De monter même dans une voiture de masques!...

FRÉDÉRIC, dressant l'oreille.

Hein?

MARTHE, même jeu.

Afin d'aller plus vite!

FRÉDÉRIC.

Précisément!... c'était pour aller plus...

MARTHE, l'interrompant, et à genoux sur la chaise.

Et de grimper à un balcon!

FRÉDÉRIC.

Ah!... j'ai grimpé!...

MARTHE, de même.

Pour étudier de plus près le carmin de certaine dame napolitaine!

FRÉDÉRIC.

Mais tu m'as donc vu, serpent ?

MARTHE.

Il paraît!...

FRÉDÉRIC.

Et tu t'amuses là, depuis une heure, à me faire barboter dans mes mensonges?

MARTHE.

Ah! vous avez de l'aplomb, patron, avec vos vessies que vous voulez me faire prendre pour...

FRÉDÉRIC.

Oh! non, non, non! pas de morale aujourd'hui, hein?... j'ai le carnaval dans la tête et dans les veines... Ce soleil, ces masques... tout cela me grise !... Au diable la palette ! je vais courir les rues !

MARTHE, bas.

Me quitter encore ! oh ! non !... (Haut.) Comment, vous n'allez pas travailler un peu ?...

FRÉDÉRIC, cherchant son chapeau.

Non !... Mon chapeau... où diable ai-je mis mon chapeau ?...

MARTHE, câlinant.

Oh !... un petit peu ! Cette pauvre Cléopâtre !

FRÉDÉRIC.

Non ! non ! non ! pas de Cléopâtre ! contre le mur, Cléopâtre ! contre le mur ! (Il prend son chapeau.) Ah ! le voilà !...

MARTHE, devant la toile de Frédéric.

Ma foi, elle fera tout aussi bien de se cacher, quand on a de si vilains yeux.

FRÉDÉRIC, s'arrêtant.

Comment ! de si vilains yeux !... (Il écarte Piccolino, et montre sa toile.) Elle n'a peut-être pas de jolis yeux ?...

MARTHE.

Oh ! charmants...

FRÉDÉRIC, satisfait.

Ah !...

(Il va pour sortir par la gauche.)

MARTHE, tranquillement, et sans le regarder.

Et variés !...

FRÉDÉRIC, s'arrêtant sur le seuil.

Variés !...

MARTHE, de même.

Ils ne se ressemblent pas !

FRÉDÉRIC.

Comment ! ils ne se ressemblent pas !

MARTHE.

Dame ! dans l'atelier, ils passent généralement pour louches.

FRÉDÉRIC, courant à sa toile.

Louches !... ma Cléopâtre est louche ?...

MARTHE, tranquillement, sans bouger de sa place.

C'est peut-être un symbole pour exprimer la nature de ses mœurs !...

FRÉDÉRIC, assis devant sa toile.

Comment, misérable ! ils louchent, ces yeux-là !

MARTHE.

Dame! analysons!

FRÉDÉRIC.

Analysons! oui! Mais, voyez-vous ce petit!... c'est toi qui louches!... Est-ce qu'elle ne regarde pas le buste d'Antoine devant la fenêtre!

MARTHE.

Si!... si, de cet œil-là! mais de l'autre, elle regarde Octave du côté de la porte...

FRÉDÉRIC, frappé.

Si c'est possible!

MARTHE.

Ah!-mon Dieu! un coup d'œil de regret au passé... un regard d'espoir vers l'avenir! c'est bien naturel...

(Elle avance le chevalet.)

FRÉDÉRIC.

Je te dis qu'elle ne louche pas! c'est l'œil droit qui est embu... je vais le ranimer!

MARTHE, allant chercher et lui glissant entre les doigts l'appuie-main.

Ranimons-le!

FRÉDÉRIC, prenant la palette.

Et tu vas voir, vil détracteur de mes œuvres! serpent que j'ai nourri dans mon sein!... tu vas voir! (Même jeu de Marthe, qui va lui chercher et lui donne des pinceaux.) Quand j'aurai éteint cette lumière... et déplacé le buste de ce côté, et fait ma draperie, là!... comme ça! Tiens! regarde déjà! tiens! tiens! Je vais t'en donner, moi, de la lumière, du soleil et des yeux! des yeux de flamme qui te suivront partout!

MARTHE, à part.

Eh, allons donc! t'y voilà!

(On entend dans l'escalier les rapins qui reviennent de déjeuner, en chantant le même air qu'à leur sortie.)

SCÈNE IX

Les Mêmes, COMÈTE, les Rapins.

MARTHE, courant au-devant d'eux, et à voix basse.

Chut! le maître travaille.

TOUS, de même.

Il travaille!

MARTHE, le montrant.

Regardez !

(Silence d'admiration et de stupeur. Les rapins glissent doucement à leur place.)

COMÈTE, à demi-voix.

Maintenant... on peut croire à tout !

MARTHE, de même.

Est-ce que nous n'allons pas faire comme lui?...

UN AUTRE.

Si ! Il pioche ! piochons !

TOUS, idem.

Piochons !

(Ils se mettent à l'ouvrage.)

MARTHE, à droite, devant sa table, tandis que tout le monde travaille, regardant Frédéric.

Ah ! si je pouvais toujours le garder là... près de moi... ce serait le paradis !... Mais demain... mais tantôt,.. ce sera à recommencer !... Hier un caprice, aujourd'hui un autre ! Ce matin la Napolitaine, et tout à l'heure cette femme !... Ah ! cette femme surtout ! Pourquoi celle-là me fait-elle peur plus que les autres? Elle ne reviendra plus, oui ; mais elle lui écrira !... Ils se verront ailleurs ! Elle est belle, riche sans doute : et moi... Encore une ! Toujours !... Un an que je veille sur mon trésor et que j'écarte mes rivales !... Un an que j'attends l'heure de lui crier : C'est moi ! Marthe !... et je t'aime ! Et il n'a jamais prononcé mon nom ! pas un regret !... pas même un souvenir ! Oh ! il faut que je le sache enfin, si je suis morte pour son amour, et s'il ne saignera pas, ce cœur glacé, au souvenir du mal qu'il m'a fait !

FRÉDÉRIC, travaillant.

Piccolino! (se retournant.) Tiens, vous êtes là, messieurs? Oh ! oh ! voilà du zèle pour un carnaval ! Quelle application ! per Baccho! et quel silence !

COMÈTE, soupirant.

Oh! ça ne peut pas durer!

TOUS, à demi-voix.

Oh ! non !

FRÉDÉRIC.

Et Piccolino aussi! Piccolino qui, d'ordinaire, a la langue si bien pendue ! Allons, caro mio, raconte-nous quelque chose.

COMÈTE.

Oui! quelque chose de drôle!

MARTHE.

De drôle?...

TOUS.

Oui !

MARTHE, à part.

Oh ! quelle idée ! si j'osais !... Du moins je saurais mon sort tout de suite.

FRÉDÉRIC.

Eh bien ?

MARTHE, haut.

Voglio bene.

TOUS, doucement.

Ah !

MARTHE.

Puisqu'on veut du plaisant, je vais vous raconter les trente-six infortunes de ma cousine.

UN RAPIN.

Ah ! bravo !

TOUS.

Chut !

MARTHE.

C'est l'histoire, simple et naïve, d'une naïve et simple bergère.

VALENTIN.

Oh ! (Même jeu.)

MARTHE.

Donc, ma cousine était chez un fermier de Lausanne.

FRÉDÉRIC, à part, travaillant, et un peu surpris.

Lausanne !...

(Il continue son travail.)

MARTHE.

Et chaque matin, elle allait aux pâturages garder ses ~~vaches~~ *chèvres* et sa vertu ! Mais un beau jour, en rentrant à la ferme, ma cousine s'aperçut que le compte n'y était plus.

COMÈTE.

Qu'est-ce qu'il manquait ? Une chèvre ?

MARTHE.

Non...

VALENTIN et les rapins, comprenant.

Ah ! très-bien !

MARTHE, *se levant et remontant la scène avec son album.*

Le voleur, messieurs, est-il besoin de vous le dire, le voleur était un rrrapin... un Frrrançais... (*Mouvement de* Frédéric.) Le rrrapin frrrançais étant généralement connu pour ses grâces irrésistibles... Témoin monsieur Comète...

VALENTIN, *saluant* Comète.

Monsieur Comète...

COMÈTE.

Messieurs...

TOUS.

Chut! donc!

MARTHE.

Or, messieurs, voici un garçon séducteur et une fille séduite, et il est impossible que vous ne vous attendrissiez pas avec moi sur le sort de la victime.

VALENTIN.

La bergère?...

MARTHE.

Parbleu, non! le rapin! c'est le rapin qui est à plaindre! Pauvre jeune homme, le voilà bien embarrassé!... Mettez-vous à sa place... avec une bergère sur les bras!... Quel parti peut-on tirer d'une bergère? A quoi peut être bonne une bergère?... Que faire d'une bergère?...

COMÈTE, *se levant.*

On a vu des rois...

TOUS, *impatientés.*

Mais, chut! donc!

MARTHE, *allant replacer son album sur sa table.*

Un homme grossier l'eût plantée là à reverdir sans lui dire adieu! C'était brutal et impoli!... Mais voici où mon rapin dévoile son génie! Attention là!... messieurs... attention!

TOUS, *debout. Ils se sont levés peu à peu, sans affectation.*

Attention!

MARTHE, *entourée des rapin, à l'avant-scène.*

Il fait monter la belle sur un rocher.

TOUS, *surpris.*

Ah!...

MARTHE.

Et quand elle est perchée là-haut, il lui tient à peu près ce langage : « Mon mignon, tu vas rester là-dessus en faction, les yeux tournés vers le chemin de Lausanne! Pendant ce temps-là, j'irai chercher papa, maman et toute la famille, et tu nous verras tous arriver demain, après-demain au plus tard, en habits de noces, avec deux violons en tête, et des rubans partout, pour te conduire à l'église aux applaudissements des bons villageois ! »

(Mouvement de Frédéric, qui dépose sa palette.)

UN RAPIN, riant.

Un opéra-comique !

MARTHE, en rapin.

Oui ! sans chœurs...

TOUS, révoltés du calembour.

Oh !

MARTHE.

Et là-dessus, mon homme l'embrasse sur les deux joues et se met à descendre le sentier en courant... (S'oubliant.) Ah ! comme il courait !... sans se retourner une seule fois vers la pauvre Marthe !...

FRÉDÉRIC, à part.

Marthe !

MARTHE, vivement et en riant.

Mais le lendemain, messieurs, voyez-vous ma niaise plantée comme Ariane sur son roc... en attendant son monsieur toute la journée... (S'oubliant de plus en plus, et avec une émotion croissante, qui va jusqu'aux sanglots.) et il faut attendre une journée pour savoir comme c'est long !... une journée !... les minutes après les minutes... les heures après les heures... tant que le jour durait... et qu'il y avait de l'espoir ; les yeux tournés vers le même chemin... qu'elle regardait toujours et qu'elle finissait par ne plus voir à travers ses larmes !... et cela pendant des mois entiers... quand il était si simple de se dire : Il a menti !... il m'oublie !... il ne reviendra jamais... jamais ! .. (Elle sanglote.) Ah ! ces paysannes !... est-ce bête !

COMÈTE, surpris comme tous les rapins.

Tu pleures !

MARTHE, cherchant à étouffer ses sanglots sous le rire.

Moi ! allons donc, messieurs !... je ris... aux larmes !

VALENTIN.

Ah ! à la bonne heure !...

FRÉDÉRIC, qui est descendu au dernier mot.

Assez ! messieurs, à votre travail ! (Les rapins remontent la scène, avec surprise. Bas à Marthe.) Mais tais-toi donc, petit malheureux !... cet homme, c'est moi !

5.

MARTHE, d'un air gai.

Vous ?

FRÉDÉRIC, lui tenant la main, sans la regarder en face, et préoccupé des rapins qui
reprennent leur place.

Oui !

MARTHE, à part, avec espoir.

Il est ému !

FRÉDÉRIC, de même, à demi-voix.

Et Marthe, qu'est-elle devenue ?...

MARTHE.

Mais je ne sais pas, moi !

FRÉDÉRIC, effrayé.

Morte ?...

MARTHE.

Non !

FRÉDÉRIC.

Ah ! grâce à Dieu ! je puis réparer ma faute !

MARTHE, avec bonheur.

Ah !

FRÉDÉRIC, très-agité, très-ému.

Nous partirons, Piccolino ! nous partirons ensemble !

MARTHE.

Oh ! vous êtes bon, Frédéric ! Mais c'est peut-être la charité
qui vous parle pour la pauvre fille !... ce n'est pas l'amour !

FRÉDÉRIC.

Ah ! tu verras bien !... Que je la revoie seulement !...

MARTHE, à part, radieuse.

Il m'aime !... (Haut, avec élan.) Ah ! Fréd...

(La porte s'ouvre brusquement, Strozzi, Annibal, Musaraigne paraissent.)

SCÈNE X

FRÉDÉRIC, ANNIBAL, MUSARAIGNE, MARTHE, STROZZI.

ANNIBAL.

Le voici, monsieur le comte.

MARTHE, à part.

Ah ! quel malheur !... j'allais tout dire.

FRÉDÉRIC, à part.

Strozzi !...

(Il fait signe à tous les rapins, qui sortent en silence.)

STROZZI, à Frédéric.

Pardonnez-moi, monsieur, cet envahissement de domicile, j'ignorais votre adresse; je suis allé m'en informer à l'Académie, et ces deux messieurs, qui s'y trouvaient, ont eu la courtoisie de me montrer le chemin.

FRÉDÉRIC*.

Puis-je savoir, monsieur le comte, ce qui me vaut l'honneur de votre visite?...

STROZZI.

Je vais vous le dire, monsieur.

FRÉDÉRIC, à demi-voix, retenant Annibal et Musaraigne.

Ne bougez pas, vous deux.

MARTHE, inquiète.

Ah!

STROZZI, lorgnant les tableaux.

Ne faites-vous que le paysage, monsieur Davril?...

FRÉDÉRIC.

Pardonnez-moi, monsieur le comte, c'est une préférence; mais ce n'est pas une spécialité.

STROZZI.

Ah! très-bien! Je désirerais, pour mon salon, une toile d'une certaine dimension, sur un sujet qui me séduit... un fait historique qui concerne ma famille, et dont j'ai retrouvé ce matin la relation manuscrite.

FRÉDÉRIC.

Qu'à cela ne tienne, monsieur le comte, veuillez vous asseoir; et si ces messieurs ne sont pas de trop?...

STROZZI, assis; tout le monde assis, sauf Marthe.

Au contraire, je serais heureux d'avoir leur avis. Voici le fait, maître... Un comte Strozzi, mon ancêtre, avait une jeune sœur en âge d'être mariée, lorsque arriva dans cette ville...

FRÉDÉRIC.

Ah! c'était à Rome?...

STROZZI.

C'était à Rome... lorsque arriva, dis-je, un de vos compatriotes, un Français, un peintre, je crois, qui poursuivit la sœur de ses assiduités.

MARTHE, à part, avec épouvante.

C'est le frère!

(Elle enlève le bouquet du vase et le cache derrière elle.)

* Annibal, Musaraigne, Frédéric, Strozzi, Marthe.

STROZZI.

Le comte crut remarquer que sa sœur n'était pas précisément insensible à ses avances, et, par amour de la paix, il emmena la jeune personne à Venise, espérant que l'absence et le temps auraient beau jeu de ces amourettes... Un an après, il revient à Rome et acquiert la certitude que l'honneur de sa maison est menacé par une intrigue avilissante!... et que sa sœur est venu clandestinement chez le peintre.

FRÉDÉRIC, surpris.

Chez le peintre!... (Marthe lui montre le bouquet, et de la tête lui fait signe que oui; il reprend, et tourné vers Strozzi.) Chez le peintre!...

(Marthe remonte vers la fenêtre.)

STROZZI, tranquillement.

Ah! que l'on voit bien que vous êtes artiste, cher maître... vous prenez feu avant de connaître le dénoûment...

FRÉDÉRIC.

Vous avez raison, monsieur le comte, veuillez m'excuser et continuer.

STROZZI.

Je n'ai pas besoin de vous dire, monsieur, que le comte ne songeait nullement à unir ces deux jeunes gens, le Français étant d'une caste très-inférieure à la sienne. Le seul parti à prendre était évidemment de lui faire quitter Rome au plus vite.

FRÉDÉRIC.

Lui faire quitter Rome?...

ANNIBAL.

Ah! voilà où ça se gâte!

STROZZI.

Le comte, dit toujours ma chronique, avait le choix de la douceur ou de la violence... La douceur!...

MUSARAIGNE et ANNIBAL.

La douceur?...

STROZZI.

En faisant obtenir au peintre une commande très-importante qui le retînt plusieurs années à Naples et qui assurât à la fois sa fortune et sa renommée.

ANNIBAL.

Ce moyen-là n'était pas si sot!...

FRÉDÉRIC, fièrement.

Oui! mais le peintre ne l'eût pas accepté!... Voyons la violence!...

STROZZI, se levant brusquement, tout le monde se lève.

La violence!... (Se contenant.) Eh bien, messieurs, voici précisément la lacune; le manuscrit s'arrête ici... la page est déchirée, si bien que le dénoûment, et par conséquent la composition du tableau sont tout à fait à notre choix!

FRÉDÉRIC.

Mais il me semble qu'il n'y a pas à hésiter, monsieur le comte; je vois d'ici ma toile. Un bois aux environs de Rome... d'un côté le peintre et de l'autre le comte Strozzi, tous deux l'épée à la main.

ANNIBAL, tenant un appuie-main et jouant avec comme avec une épée.)

Peuh!... Est-ce suffisamment dramatique cela?... j'aimerais mieux mieux montrer tout de suite le peintre debout, et le comte blessé : n'est-ce pas, Musaraigne?...

MUSARAIGNE.

Ma foi, moi, je le tuerais, ce comte... Qu'est-ce que ça coûte, pendant qu'on y est?...

STROZZI, tranquillement.

Oui! mais nous ne sommes plus dans la vérité, messieurs. On ne tue pas un Strozzi comme cela, d'autant que mon parent, pour l'honneur de sa maison, eût toujours évité le scandale d'une rencontre.

FRÉDÉRIC.

Est-ce à dire, monsieur le comte, qu'il eût préféré le guet-apens nocturne? Alors, autre composition. Une rue écartée, par un beau clair de lune, et trois assassins, dont un Strozzi, guettant le Français... Cela vous conviendrait-il?

STROZZI.

On l'eût peut-être fait au seizième siècle, messieurs, et sans remords.

ANNIBAL.

Certainement... Mais alors je propose un pendant...

STROZZI.

Un pendant?

ANNIBAL, faisant le geste de dessiner à terre avec l'appuie-main.

Oui... D'un côté, le Strozzi et ses acolytes... de l'autre, le peintre et ses amis... (Il fait le geste de donner des coups de bâton.) au clair de lune!

STROZZI *.

Nous nous égarons, messieurs, un Strozzi n'assassine pas, et il n'est pas... ce que dit monsieur si élégamment dans son langage.

FRÉDÉRIC.

Alors, monsieur le comte, je vous avoue franchement que la composition m'échappe, et je ne vois pas...

STROZZI.

C'est que vous oubliez le personnage important, cher maître, l'intérêt principal, le drame !... la jeune fille !... Votre duel, votre guet-apens, tout cela est intéressant, soit ! Mais voulez-vous une composition mille fois plus émouvante?... Tenez ! figurez-vous une église... l'église d'un couvent... La nef pleine de religieuses... Au milieu du chœur la fille des Strozzi, pâle, mourante, recouverte d'un suaire qui la consacre à Dieu et la sépare à jamais du monde... et dans un coin, sanglotant à l'ombre d'un pilier, l'insensé qui osait l'aimer, désespéré, mais impuissant devant un sacrifice humain qui est son œuvre ! Voilà, messieurs, voilà le tableau que je rêve... qui me séduit ! et que monsieur peut transformer en réalité quand il voudra !

FRÉDÉRIC, à part.

Le cloître !

MUSARAIGNE.

Le fait est que voilà une fichue composition !

STROZZI.

La seule qui me convienne... Pensez-y donc sérieusement, cher maître; nous en causerons quand il vous plaira !... Messieurs, j'ai l'honneur de vous saluer...

(Il salue et sort.)

SCÈNE XI

FRÉDÉRIC, ANNIBAL, MUSARAIGNE, MARTHE.

Silence : Annibal et Musaraigne regardent Frédéric en chantonnant et en se grattant l'oreille.

FRÉDÉRIC.

Le cloître !... Religieuse ! à cause de moi ! Ah ! nous allons bien voir !

ANNIBAL.

Qu'est-ce que tu verras ?... ta sottise ! Il a raison cent fois,

* Musaraigne, Annibal, Strozzi, Frédéric, Marthe au fond.

ce gentilhomme : pourquoi veux-tu qu'il te la donne, sa sœur!
Est-ce qu'elle est pour toi? Elle est noble, elle est riche, elle...

FRÉDÉRIC, l'interrompant.

Ah! elle m'aime! Je l'aime! voilà tout ce que je sais!

MARTHE, à part.

Il l'aime!

ANNIBAL.

Pardieu! si on t'accordait toutes celles que tu aimes!

FRÉDÉRIC.

Oh! que j'aime! Pas comme celle-là!

MUSARAIGNE.

C'est agréable pour les autres!

FRÉDÉRIC.

Ah! vous ne pouvez pas sentir cela, esprits secs, cœurs froids
que vous êtes! vous ne comprenez pas que je l'adore maintenant, avec fièvre et folie! qu'elle exerce sur moi la fascination
du fruit défendu, du danger mortel, de l'abîme! Ah! une
Strozzi ne saurait me donner sa main, ni un Strozzi se battre
avec moi sans ternir leur blason! Je vais le souffleter, moi, leur
blason!... Eléna va ce soir au bal de Della Robbia! on est
masqué... je l'enlève!

MUSARAIGNE.

L'enlever! Eléna! Elle s'appelle Hélène et tu veux l'enlever!...
Et la guerre de Troie! misérable! tu l'oublies!

FRÉDÉRIC.

Oh! pas de railleries! Cours me chercher une chaise de poste
et des chevaux.

MUSARAIGNE.

Non!

ANNIBAL.

Non!

MUSARAIGNE.

Eh non!

FRÉDÉRIC.

Vous refusez! Vous, des amis?...

ANNIBAL.

Eh c'est bien parce que nous sommes tes amis!

MUSARAIGNE.

Eh double croche! nous t'empêcherons bien de l'enlever, ton
Hélène!

FRÉDÉRIC.

Vous?

MUSARAIGNE.

Oui, nous!

ANNIBAL, tragiquement.

Amis! quittons ces lieux, et ce bras je l'atteste...

MUSARAIGNE.

Saura bien empêcher un destin si funeste!

TOUS DEUX.

Adieu, toqué!...

(Ils sortent enlacés.)

SCÈNE XII

FRÉDÉRIC, MARTHE.

FRÉDÉRIC.

Au diable! je me passerai de vos services, et j'irai moi-même... (A Marthe, en lui jetant des pistolets sur la table.) Et toi, nettoie ces armes!

MARTHE, sortant de sa torpeur et s'élançant vers lui.

Mais c'est donc vrai?

FRÉDÉRIC, furetant dans ses papiers et dans ses coffres.

Pardieu! si c'est vrai!

MARTHE.

Oh! l'aimer passe encore!... Mais partir avec elle!... me laisser! Oh! non! vous ne partirez pas!..

FRÉDÉRIC.

Et qui m'en empêchera?

MARTHE, s'oubliant.

Moi!

FRÉDÉRIC, surpris.

Parce que...?

MARTHE.

Parce que... parce que je vous aime, moi! Parce que je ne veux pas qu'un Strozzi vous provoque et vous tue!

FRÉDÉRIC.

Allons donc! Ne vois-tu pas qu'il n'y a plus rien ici qu'une passion ardente qui veut à tout prix se satisfaire! Amour, haine ou colère, je ne sais! Car tout cela se dispute si bien mon cœur que je ne vois plus... Non! je ne vois plus ce qui m'entraîne; mais ce que je sais bien, c'est que je veux emporter leur patricienne... cette nuit!... dans mes bras... et je l'emporterai!

MARTHE.

Oh!

FRÉDÉRIC.

Et maintenant nettoie ces armes et va-t'en!

(Il cherche ses papiers, son argent, etc.)

MARTHE.

Par pitié!

FRÉDÉRIC.

Assez!

MARTHE, cherchant à l'empêcher de continuer ses préparatifs.

Eh bien, oui! aimez-la! aimez-la, mais ne me fuyez pas!... Ne quittez pas Rome! Amenez-là ici, tenez! nous la cacherons!... je la servirai à genoux! mais ne m'abandonnez pas!... ne me laissez pas seule!

FRÉDÉRIC, un portefeuille à la main.

Seul? es-tu fou!... Je pars aujourd'hui, car je vais moi-même chercher cette voiture puisqu'ils n'ont pas voulu... mais je rentre ici, dans quinze jours, avec ma femme...

MARTHE.

Sa femme!

FRÉDÉRIC.

Pardieu! je ne l'enlève que pour l'épouser!

(Il place son sac de nuit sur une chaise.)

MARTHE, égarée.

Elle! mais qu'a-t-elle donc plus que les autres, cette femme?... son nom? sa fortune? Elle va les perdre! Sa beauté? d'autres sont aussi belles, et vous les avez aimées, et vous ne les avez pas épousées! Et pourtant c'était votre devoir! Une surtout! Une qui t'aimait trop, Frédéric! et qui t'a donné son honneur, sa vie, tout!...

FRÉDÉRIC, prenant son chapeau.

Eh, pardieu! c'est bien pour cela!... Est-ce qu'on épouse sa maîtresse?...

(Il sort par le fond.)

MARTHE, frappée.

Ah!

(La nuit vient.)

SCÈNE XIII

MARTHE, seule. (Elle chancelle, et finit par tomber à genoux.)

On n'épouse pas sa maîtresse! On n'épouse pas celle qu'on a séduite et perdue! Et qu'est-ce que l'on fait donc?... On la foule aux pieds... on l'écrase... on la tue! (Fondant en larmes.) Ah! mon Dieu! Tant d'espérances, de peines et de soins! Tant d'amour et de dévouement!... pour en arriver là!... pour en venir là!... Mon Dieu! mon Dieu! (Relevant la tête avec égarement.) Mais qui donc?... quelle femme aurait fait ce que j'ai fait?... Et après avoir tant aimé, je ne serais pas pardonnée?... moi... qui ai souffert pour lui, pleuré pour lui, prié pour lui!... Je ne suis pas digne d'être sa femme... moi qui ai tout fait pour réparer ma honte! (Elle se lève.) Ah! je n'attendrai pas son mépris! je partirai... je le fuirai... j'irai... Où irai-je?... n'importe! Où il ne sera pas! où je n'entendrai pas parler de lui!... et je retournerai où l'on m'aime, où l'on pardonne, où l'on console... chez M. Tidmann!... Sainte maison! pourquoi t'ai-je quittée?... C'était à la même heure: j'étais si pleine d'espérance alors... et, maintenant! Allons, courage! ce n'est pas le moment de pleurer! j'ai encore le temps de changer de vêtements et d'aller demander asile au premier couvent... on me recevra bien pour la nuit!... et demain... demain... (Essuyant ses yeux.) Ah! c'est trop de lâcheté! Il ne vaut pas tant de larmes!... Oui! je partirai! je te fuirai, je t'oublierai, cœur froid qui ne m'as pas devinée près de toi! Trouve donc qui t'aime autant que moi! et épouse-la, ta patricienne, par orgueil et par dépit! Vous êtes faits l'un pour l'autre, et je ne l'envie plus! C'est toi qui n'est pas digne de moi!

(Elle entre chez elle.)

SCÈNE XIV

ANNIBAL, MUSARAIGNE, RAPINS, en Grecs, avec lances et boucliers COMÈTE. (Ils entrent au pas gymnastique en silence et se mettent en rang. Annibal en officier.)

CHŒUR.
Musique de M. Duprato.

A-t-on jamais vu des Grecs
Sous ces merveilleux aspects?
Près de nous, les anciens Grecs
Ne seraient que des blancs-becs!

MUSARAIGNE, pendant la ritournelle.

Double croche! Mes enfants! voilà une entrée qui peut se vanter d'avoir de la couleur!

ANNIBAL.

Silence dans les rangs! attention! Par le flanc droit et par le flanc gauche! Par file à droite et par file à gauche, en avant, marche!

(Évolutions, terminées par la tortue. Reprise du chœur sous les boucliers.)

ANNIBAL.

Rompez les rangs!

(Ils tombent les uns sur les autres.)

MUSARAIGNE.

Sapristi, mes enfants!... que c'est donc mal exécuté, ce mouvement-là! Pas de couleur! pas de style!

ANNIBAL.

Silence!... arrêtez-moi l'homme qui va sortir de là! (Il va à la porte de Frédéric.) Sortez! Tiens, il est déjà sorti!

COMÈTE.

Trop tard le tonnerre!

ANNIBAL.

Dieux immortels! Non!... voici son sac! il va revenir!... Placez-vous en sentinelles!

(Tous les rapins allument leurs cigares.)

MUSARAIGNE.

Eh bien! hum! hum! qu'est-ce que je sens!... Du tabac! (A Annibal.) Ils fument!

ANNIBAL.

Ils fument!

COMÈTE.

Eh bien?...

ANNIBAL.

Ah! mes enfants! ce n'est pas possible! Des Grecs avec des cigares! sous les remparts de Troie! songez donc à la couleur locale! Musaraigne, fais la récolte des cigares dans ton casque!

(Musaraigne fait la récolte.)

LES RAPINS, murmurant.

Ah!

ANNIBAL, brandissant son épée.

Silence, peuple! tes murmures ne m'inspirent qu'un soupir de pitié... car je suis le vaillant Achille... Achille au pied léger!

(Il pose à la grecque.)

MUSARAIGNE.

Alors, je suis Ulysse, moi, et je ne suis pas tranquille. J'ai laissé Pénélope à la maison!

ANNIBAL.

Si c'est pour faire de la tapisserie?...

MUSARAIGNE.

Je crois plutôt que c'est pour filer!...

ANNIBAL, brandissant son épée.

Un calembour! (Les rapins commencent à éternuer et à s'enrhumer.) Sont-ils assez laids, mon Dieu! Ils sont plus laids tout nus qu'habillés!... Et je ferais des statues! moi! jamais! Tenez, mes enfants, vous êtes hideux! (Tous se mouchent.) Qu'est-ce que c'est?... on se mouche! Des Grecs avec des mouchoirs!

MUSARAIGNE, ahuri.

Dame!

VALENTIN.

On s'enrhume!

ANNIBAL.

Qu'est-ce que c'est?

MUSARAIGNE.

C'est embêtant!

ANNIBAL.

Voilà un mot qui n'est pas grec! je ne veux pas l'avoir entendu... Vous allez monter la garde.

TOUS, murmurant.

Oh!

MUSARAIGNE.

Seigneur, l'armée murmure.

ANNIBAL.

On méconnaît mon autorité?...

TOUS, grognant.

On gèle ici!

(Ils battent la semelle.)

ANNIBAL.

Parbleu! l'air du soir!... mais fermez la fenêtre... (Il va pour la fermer.) Ah!

TOUS.

Quoi?...

ANNIBAL.

Qu'est-ce que je vois à la lueur des flambeaux... dans une voiture de masques?... Rosette!

COMÈTE.

Rosette! Ciel! dieux! fichtre!

MUSARAIGNE, en arrêt avec sa lance.

Eh bien, qu'est-ce que ça te fait, à toi?...

COMÈTE.

Ça me fait que... en effet... ça ne me fait...

MUSARAIGNE.

Attends! va, si je la rattrape!...

(Il se sauve.)

COMÈTE.

Mais si fait, au fait, ça me fait...

(Il sort en courant.)

ANNIBAL.

Lui aussi! arrêtez-les!

VALENTIN.

Merci, dans la rue! il fait chaud!

TOUS, grelottant.

Brouhouhou!

DEUXIÈME RAPIN.

J'aime mieux aller chercher mon paletot.

TOUS.

Oui! des paletots!

(Ils se sauvent.)

ANNIBAL, après avoir essayé de les arrêter l'un après l'autre.

Ciel! arrêtez! soldats! Grecs! *Akaioï...* (Seul.) Plus de troupes!... une si belle armée, mon Dieu!

FRÉDÉRIC, entrant.

Quels cris!

ANNIBAL, désespéré.

Et le voilà! et je suis seul pour l'arrêter!... le dernier des Grecs! (Se sauvant en appelant les rapins.) Eh! soldats! guerriers! compagnons d'armes!

(Il court après eux.)

SCÈNE XV

FRÉDÉRIC, puis MARTHE.

(Nuit.)

FRÉDÉRIC, un domino sur le bras.

Annibal! quel fou! Enfin, j'ai la voiture, les chevaux, voici l'argent! mes papiers!... Allons!

MARTHE entre-bâille la porte de sa chambre. — Costume du premier acte.

Plus personne !...

FRÉDÉRIC.

Je n'oublie rien ! Ah ! si, les armes !... Je n'y vois plus !

(Il cherche et se décide à allumer.)

MARTHE.

Je puis partir !

(Elle va pour gagner la porte du fond.)

FRÉDÉRIC, allumant.

Qui va là ?

MARTHE, s'arrêtant effrayée.

Lui !

FRÉDÉRIC, regardant dans l'obscurité.

Répondez-donc ! (Il allume, levant sa bougie.) Marthe ! (Marthe longe le mur et veut gagner la porte.) Ici !... elle !... (Il la regarde de sa place avec une certaine crainte.) Elle ne parle pas ! Elle glisse comme une ombre ! (Résolûment.) Ah ! est-ce que je deviens fou, moi ?... (Il s'élance et l'arrête au moment où elle va sortir.) Arrêtez !

(Marthe pousse un cri et se couvre le visage de ses deux mains. Frédéric la force à descendre et à se découvrir ; elle montre un visage souriant et éclate de rire.)

MARTHE.

Ah ! ah ! ah ! Suis-je bien déguisée, patron ?

FRÉDÉRIC, la regardant avec stupeur.

Piccolino !

MARTHE.

Vous ne me reconnaissez pas ! C'est bon à savoir ! Je vais joliment intriguer les autres, là-bas ! Laissez-moi donc passer... les camarades m'attendent.

FRÉDÉRIC.

Piccolino ! Ah ! méchant enfant ! Quelle peur !... (Regardant le visage de Marthe.) Non ! ce n'est pas possible... ce visage ! ce triste sourire... ces yeux qui ont pleuré...

MARTHE, souriant.

Pleuré, moi ?

FRÉDÉRIC.

Ah ! ce n'est pas toi... c'est elle !

MARTHE.

Vous perdez la tête, patron : ce n'est pas moi qui suis là ?

FRÉDÉRIC, égaré.

Non ! c'est Marthe !

MARTHE, légèrement.

Ma cousine !.. Ah! pauvre fille! vous y pensez encore! vous êtes bien bon! Voilà ce que c'est que le remords, tenez! Et comme je lui ressemble un peu... (Voulant toujours sortir.) Ah çà, je voudrais pourtant bien sortir!...

FRÉDÉRIC *.

Non!

MARTHE.

Mais on m'attend!

FRÉDÉRIC.

Non! (Il la saisit dans ses bras, la force à pencher sa tête en arrière en la regardant de plus en plus près, et plonge du regard jusqu'au fond de ses yeux.) Tu es Marthe!

MARTHE, voulant se dégager.

Dieu!

FRÉDÉRIC, la retenant.

Tu n'es pas Piccolino!

MARTHE.

Moi?...

FRÉDÉRIC.

Non, tu es Marthe!

MARTHE.

Non!

FRÉDÉRIC.

Tu es Marthe! car Piccolino et Marthe ne sont qu'un? C'est elle! c'est toi! J'en suis sûr! Ah! pardonne-moi! pardonne-moi!

(Il tombe à genoux.)

MARTHE.

Mais je...

FRÉDÉRIC, lui fermant la bouche.

Ah! ne mens pas! c'est toi! Et ce ne sont plus seulement mes yeux qui te reconnaissent... c'est mon cœur... Sens le battre, et ose me dire que ce n'est pas toi!...

MARTHE.

Je vous dis...

FRÉDÉRIC, sans l'écouter, se relevant.

Oui, parle!... parle toujours! Je retrouve ta voix! tes gestes! ton regard!... Et je ne t'ai pas reconnue plus tôt! Mais j'étais donc fou! J'étais donc aveugle! Je ne t'ai donc jamais regardée!

* Frédéric, Marthe.

MARTHE.

Ah ! laissez-moi !

FRÉDÉRIC.

Oh ! non ! tu ne t'en iras plus... non ! Je te tiens ! (Il l'entoure de ses bras.) Ah ! chez moi ! Près de moi !... depuis un an ! tant de cœur, tant de dévouement et de tendresse, et pour un ingrat ! Que tu es bonne ! que tu es noble ! que tu es belle ! et que je t'adore !

(Il retombe à ses genoux.)

MARTHE.

Laissez-moi !

FRÉDÉRIC, lui baisant les mains.

Tu es Marthe !

MARTHE.

Laissez-moi !

FRÉDÉRIC, se relevant, sans cesser de l'embrasser.

Tu es Marthe !

MARTHE, se dégageant.

Eh bien, oui ! je suis Marthe ! oui, je suis celle que vous avez trahie et foulée aux pieds ! et je suis venue à vous, qui ne veniez pas à moi ; et j'ai voulu savoir ce qui restait au fond de votre cœur de tout l'amour d'autrefois... et il ne restait rien !

FRÉDÉRIC.

Oh !

MARTHE.

Rien !... J'ai attendu un an des pleurs de regret... un mot... un seul !... pour me jeter dans vos bras !... et cette pauvre larme que j'allais peut-être vous arracher à force de pitié, il a suffi pour la sécher d'un moment de colère et d'orgueil ! Et vous me parlez de votre amour ! Je n'en veux plus ! je n'y crois plus ! car vous m'avez dit de ces paroles qui restent là gravées en traits de feu ! Et je préfère à votre repentir faux ou vrai ma solitude et ma honte, que je suis seule à me reprocher, et dont vous n'aurez plus droit de me faire une insulte !

FRÉDÉRIC.

Ah ! Marthe !

MARTHE.

Et maintenant, laissez-moi partir !

FRÉDÉRIC, se relevant.

Partir !... Tu me vois à tes pieds repentant, et tu ne penses qu'à me fuir ! Ah ! tu voulais des remords !... Regarde ! en voilà !

MARTHE *.

Je n'y crois pas !

FRÉDÉRIC.

Tu voulais des larmes !... Regarde ! regarde !

MARTHE.

Je n'y crois pas !

FRÉDÉRIC, lui barrant le passage.

Ah ! tu ne me quitteras plus ! non ! non ! je ne veux pas que tu t'en ailles ! Ne t'en vas pas ! je t'en supplie ! reste ! Ne sois que Piccolino, si tu veux, rien que Piccolino toujours ! mais au moins que je ne te perde pas tout entière !

MARTHE.

Et votre Italienne ?...

FRÉDÉRIC.

Ah ! c'est donc à cause d'elle ! c'est pour elle que tu me repousses ! Mais tu le vois bien, je l'oublie ! Je ne l'aime pas !... je ne l'ai jamais aimée, tu le sais bien ! C'est toi que j'aime !... toi... mon amie !... ma maîtresse !... ma femme !

MARTHE **.

Allons donc ! est-ce qu'on épouse sa maîtresse !

FRÉDÉRIC.

Une horrible parole ! ne l'écoute pas ! j'étais fou !

MARTHE, le fuyant.

Non ! non ! il est trop tard ! je ne vous aime plus !

FRÉDÉRIC, la poursuivant.

Ah ! tu ne me crois pas !... Mais qu'est-ce qu'il faut donc pour te convaincre ?...

MARTHE, avec fièvre.

Rien ! je ne vous aime plus !

FRÉDÉRIC.

Ce n'est pas possible ! Tu m'as trop aimée... pour ne plus m'aimer encore ! Et d'ailleurs, le passé nous lie ! Tu es à moi ! il faut bien que tu m'aimes !

MARTHE, résolûment.

Je ne vous aime plus !

FRÉDÉRIC, après un silence.

C'est bien !... (Il va ouvrir la porte du fond.) Vous pouvez partir... mais vous n'avez ni cœur, ni âme. Marthe, vous ne m'avez jamais aimé ! Vous ne pouvez pas aimer ! Partez !... je ne me

* Marthe, Frédéric.
** Frédéric, Marthe.

6

pardonne pas d'avoir pu vous sacrifier un instant cette jeune fille qui va tout abandonner pour moi : honneur, famille, richesse!... et qui sait aimer, elle... car au moment où je l'oublie près de vous... elle vient, au risque de se perdre! Je l'entends... elle monte l'escalier... (Il montre la porte.) La voilà!... c'est elle!

(Il fait un pas.)

MARTHE, s'oubliant.

Elle! (Avec jalousie et passion.) Encore!

(Elle s'élance pour empêcher Eléna d'entrer.)

FRÉDÉRIC, l'arrêtant au passage et l'enlevant dans ses bras.

Ah! tu vois bien que tu m'aimes!

MARTHE, s'abandonnant.

Eh bien... oui!... c'est lâche! mais c'est vrai!

SCÈNE XVI

FRÉDÉRIC, MARTHE, ANNIBAL, MUSARAIGNE, COMÈTE,

TOUS LES RAPINS, en Grecs, avec paletots et cache-nez.

ANNIBAL.

Le voilà!... gardes... qu'on l'arrête!

FRÉDÉRIC, s'écartant de Marthe.

M'arrêter!

TOUS, à la vue de Marthe.

Piccolino!

ANNIBAL, tournant autour de Marthe.

Ah!... est-il bien déguisé, le gamin!

TOUS, avec admiration.

Ah!

MUSARAIGNE.

On jurerait une femme!

FRÉDÉRIC.

N'est-ce pas?... Eh bien, messieurs, je vous présente madame Davril!

ANNIBAL.

Lui!

FRÉDÉRIC.

Non. Elle!

TOUS.

Elle ?...

ANNIBAL.

Dieu ! Il se pourrait... ce... cette... il... elle serait ?...

MARTHE.

Mon Dieu, oui, mon ami, je ne suis qu'une femme.

TOUS LES RAPINS, laissant tomber leurs boucliers et leurs lances à la fois.

Ciel !

MUSARAIGNE, ému.

Ah ! Piccolino ! Pardon ! Ah ! madame... permets... non, permettez !... Ah ! sapristi ! pardonnez à l'émotion d'un vieux guerrier qui ne trouve plus son mouchoir !

ANNIBAL.

Comment ! ce Piccolino ?...

FRÉDÉRIC.

Chut ! il n'y a plus de Piccolino, mes amis. C'est un nom sans emploi !

ANNIBAL.

Bah ! mettons-le en réserve pour l'enfant qui doit venir, et baptisons-le d'avance. Vive Piccolino !

TOUS, levant leurs boucliers sur leurs lances.

Vive Piccolino !...

(La toile tombe sur la reprise du chœur.)

FIN

Paris. — Imprimerie de A. WITTERSHEIM, 8, rue Montmorency

www.ingramcontent.com/pod-product-compliance
Lightning Source LLC
Chambersburg PA
CBHW060621100426
42744CB00008B/1464